독자의 1초를 아껴주는 정성!

세상이 아무리 바쁘게 돌아가더라도
책까지 아무렇게나 빨리 만들 수는 없습니다.
인스턴트 식품 같은 책보다는
오래 익힌 술이나 장맛이 밴 책을 만들고 싶습니다.

땀 흘리며 일하는 당신을 위해
한 권 한 권 마음을 다해 만들겠습니다.
마지막 페이지에서 만날 새로운 당신을 위해
더 나은 길을 준비하겠습니다.

독자의 1초를 아껴주는
정성을 만나보십시오.

미리 책을 읽고 따라해 본 2만 베타테스터 여러분과
무따기 체험단, 길벗스쿨 엄마 기획단,
시나공 평가단, 토익 배틀, 대학생 기자단까지!

믿을 수 있는 책을 함께 만들어주신 독자 여러분께 감사드립니다.

(주)도서출판 길벗 www.gilbut.co.kr
길벗이지톡 www.eztok.co.kr
길벗스쿨 www.gilbutschool.co.kr

주식 대세판단

무작정따라하기

주식 대세판단 무작정 따라하기

The Cakewalk Series - Understanding stock market cycle to get high profits

초판 1쇄 발행 · 2011년 3월 5일
초판 2쇄 발행 · 2011년 4월 25일
개정판 1쇄 발행 · 2015년 11월 16일
개정 2판 1쇄 발행 · 2017년 10월 10일
개정 2판 3쇄 발행 · 2020년 3월 11일
개정 3판 1쇄 발행 · 2020년 9월 28일

지은이 · 윤재수
발행인 · 이종원
발행처 · (주)도서출판 길벗
출판사 등록일 · 1990년 12월 24일
주소 · 서울시 마포구 월드컵로10길 56
대표 전화 · 02)332-0931 | **팩스** · 02)323-0586
홈페이지 · www.gilbut.co.kr | **이메일** · gilbut@gilbut.co.kr

담당 편집 · 김동섭(dseop@gilbut.co.kr) | **표지디자인** · 박상희 | **본문디자인** · 장기춘
제작 · 손일순 | **영업마케팅** · 최명주, 전예진 | **웹마케팅** · 이정, 김진영
영업관리 · 김명자 | **독자지원** · 송혜란, 홍혜진

편집진행 · 이명애 | **전산편집** · 김정미 | **CTP 출력 및 인쇄** · 예림인쇄 | **제본** · 예림바인딩

©윤재수, 2020
ISBN 979-11-6521-280-3 13320
(길벗 도서번호 070450)
가격 22,000원

독자의 1초까지 아껴주는 정성 '길벗 출판 그룹'
길벗 | IT실용서, IT/일반 수험서, IT전문서, 경제실용서, 취미실용서, 건강실용서, 자녀교육서
더퀘스트 | 인문교양서, 비즈니스서
길벗이지톡 | 어학단행본, 어학수험서
길벗스쿨 | 국어학습서, 수학학습서, 유아학습서, 어학학습서, 어린이교양서, 교과서

네이버포스트 · https://post.naver.com/gilbutzigy
유튜브 · https://www.youtube.com/ilovegilbut
페이스북 · https://www.facebook.com/gilbutzigy

주식
대세판단
무작정 따라하기

윤재수 지음

길벗

지금의 시장이 상승장인지 하락장인지 알 수 있는 방법은 없을까? 또 상승하고 있다면 얼마까지 오르고 나서 하락으로 전환될 것인지, 하락하고 있다면 얼마까지 떨어진 다음에 상승할 것인지 알 수는 없을까?

이것만 알 수 있다면 매일같이 마음 졸이지 않고 편하게 주식투자를 할 수 있을 텐데…….

주식투자자라면 누구나 한번쯤 이러한 생각을 해보았을 것이다.

그러나 아쉽게도 증권시장 대세를 예측하는 사람은 있어도 정확히 아는 사람은 없다. 또한 대세를 판단하기 위한 구체적인 방법을 제시한 책도 나와 있지 않다.

왜 주식투자로 이익을 보는 사람은 항상 소수일까?

필자는 증권시장에 오랫동안 몸담고 있으면서 무수히 많은 투자자들을 보아왔다. 그들 가운데 주식투자로 이익을 본 사람은 소수에 불과하고, 대다수는 막대한 손실을 보았거나 보고 있다. 이것이 대다수 주식투사사들의 현주소다.

다수의 투자자들이 손실을 보는 이유는 다음 네 가지 경우로 요약할 수 있다.

첫째, 증시 대세를 알지 못해 투자시기가 잘못된 경우
둘째, 종목선정이 잘못된 경우
셋째, 사고파는 시점을 알지 못한 경우

넷째, 분수에 넘치는 무리한 투자를 한 경우 등이다.

이중에서 증시 대세를 알지 못해 시장에서 빠져나와야 할 때 진입하거나, 시장에 진입해야 할 때 빠져나옴으로 해서 손해를 보는 경우가 특히 많았다.

주식투자란 미래를 예측하고 수익을 얻는 경제행위!

일반투자자의 입장에서 본 주식투자란 '미래시장 예측을 바탕으로 투자를 하고, 예측한 대로 시장이 움직였을 때 수익을 얻는 경제행위'라고 정의할 수 있다.

따라서 주식투자로 수익을 내려면 미래시장을 예측하는 것이 필수적이다. 하지만 이것만큼 어렵고 뜬구름 같은 일도 없다. 내일 당장 무슨 일이 벌어질지도 모르는 불확실한 상황에서 미래시장을 어떻게 예측한단 말인가?

그러나 놀랍게도(?) 증권시장에서는 너나 할 것 없이 자기 나름으로 미래시장을 예측한다.

대중은 언제나 큰 변화가 현실로 닥쳐야 변화를 인정한다!

주식투자자라면 누구나 각자가 가지고 있는 지식과 과거 경험을 바탕으로 미래시장을 예측하고 투자에 나선다. 그리고 개개인의 투자성향에 따라 낙관론자와 비관론자 그리고 현재시장 지속론자로 나누어진다.

'낙관론자'는 증시에 영향을 미치는 여러 요인들 중에서 밝은 면에 포커스를 맞추고 가능하면 상승 쪽으로 예측한다. 반면에 '비관론자'는 어두운 요인들에

포커스를 맞추고 가능하면 하락 쪽으로 예측한다. 이에 반해 '현재시장 지속론자'는 지금의 시장추세가 앞으로도 계속된다고 생각하는 사람들로 일반투자자 다수가 이에 속한다.

현대 경제학이론을 정립한 케인스 교수도 《고용, 이자, 화폐의 일반이론》에서 이렇게 말했다.

"대중은 좋든 나쁘든 현재 상황이 계속된다고 생각한다. 그러므로 좀처럼 변화에 대응하지 못하고 큰 변화를 당하고서야 마침내 큰 변화가 왔음을 받아들인다."

개미투자자, 스스로 대세 변화를 해독할 수 있게 만드는 책!

이 책은 개미투자자들이 스스로 증시 대세를 판단하게 하여 주식이나 펀드에 투자를 할 때 도움을 주고자 저술한 책이다.

저자는 증권시장을 상승기와 하락기, 전환기로 구분하였다. 그리고 각 구간마다 주요 경제요인들이 어떻게 변했는가를 분석해 보았다. 그 결과 각 구간마다 GDP성장률, 물가, 금리, 환율과 국제수지, 시장EPS와 PER 등의 경제요인들이 공통적으로 변하고 있음을 알 수 있었다. 일반투자자들도 경제요인의 변화를 체크해 보면 대세를 판단하는 데 도움이 되리라 생각한다.

대중에게 경제란 어렵게 느껴진다. 그래서 이 책에서는 경제전문가가 아닌 일반대중이 어려운 경제요인들을 쉽게 체크해 보고 대세를 판단할 수 있도록 가급적 이론적인 면보다 구체적인 방법을 제시하였다. 아울러 〈잠깐만요〉〈알아두세요〉 등으로 각종 경제지표 찾는 법과 생소한 용어 등에 대한 보충설명을 곁들여 독자들의 이해를 돕도록 하였으며 〈무작정 따라하기〉 예제를 만들어 배운 내용을 다시 한번 점검하도록 하였다.

증권시장에 영향을 미치는 요인은 무수하게 많다. 그중 몇 가지 경제요인을 기준으로 증시 대세를 판단하는 것이 다소 무리가 있다는 점을 저자도 잘 알고 있다. 모쪼록 저자가 제시한 방법에 많은 비판과 조언이 있길 바라며 부족한 부분은 기회 있을 때마다 보완해 나가겠다.

이 책이 나오기까지 힘써주신 고마운 분들이 많이 있다. 그중에서도 책을 낼 때마다 물심양면으로 지원해 주는 최선애 길벗출판사 경제경영서 팀장과 좀더 충실한 책이 되도록 마지막까지 원고와 씨름하며 지치지 않는 열정을 보여준 최한솔 사원에게 감사를 드린다.

저자 윤재수

차례

셋째 마당   코스피 45년을 복기하면 미래가 보인다!

넷째 마당

3단계 체크로 증시 대세를 판단한다!

다섯째 마당

수급과 사건으로 중기대세를 읽어라!

여섯째 마당
투자심리로
변곡점을 파악하라!

일곱째 마당
차트로 대세를
확인하라!

여덟째 마당

대세를 읽었으면
이렇게 행동하라!

첫째
마당

주식투자,
대세를 읽어야
성공한다!

01 │ 나를 대신해서 돈을 벌어줄 사람은 없다!

02 │ 증권시장 대세란 무엇이며, 예측할 수 있는 것인가?

증권시장의 대세판단 기준을 알고 있는 사람은 투자를 시작하기 전에 이미 성공을 거두고 시작하는 것이라 할 수 있다. 반면에 대세판단 기준을 알지 못하면 일시적으로는 돈을 벌 수 있지만 마지막에 가서는 돈을 잃게 된다.

The Cakewalk Series -
Understanding stock market cycle to get high profits

나를 대신해서
돈을 벌어줄 사람은 없다!

"지금이 주식투자하기에 적당한 시기입니까?"라고 금융기관 투자 상담 창구에 가서 묻는다면 과연 어떤 답변이 돌아올까?

"예, 좋습니다. 지금과 같은 좋은 시기를 놓치시면 후회할 것입니다."
"투자시기로는 조금 애매하지만 장기투자를 한다면 성공할 수 있을 것입니다."

아마 이 둘 중 하나의 이야기를 들을 수 있을 것이다. 앞의 대답은 증시 대세가 좋을 때이고, 뒤의 경우는 증시 대세가 하락중이거나 하락으로 전환되기 직전일 때일 가능성이 높다. 시장이 좋지 않다 고 말해야 할 때 '투자시기가 애매하다' '장기투자를 한다면' 등의 표 현을 흔히 사용하기 때문이다.

버블이 심해도 주가가 폭락해도 아무도 당신을 말리지 않는다

더욱 조심해야 할 것은 주가의 버블이 심할 때이다.

"지금은 주가가 너무 올라 버블이 심합니다. 지금 투자하시면 손해를 볼 위험이 있으니 이 돈을 예금해 두셨다가 6개월 또는 1년 후에 다시 찾아오십시오."

버블이 최고조에 달해 터지기 직전일 때조차도 금융기관의 투자상담사에게 이런 말은 결코 들을 수가 없다.

알아두세요

과거 주가수익비율(PER) 추이를 알아보는 방법은 26쪽 〈잠깐만요〉를 참조하세요.

실제로 1999~2000년 IT주 버블 때도, 2007년 하반기 한국의 시장 평균 주가수익비율(PER)이 18배 올랐을 때도, 심지어 중국 상하이 증시의 주가수익비율(PER)이 60배에 이르러 버블이 극에 달했을 때도 주식투자와 펀드가입을 말리는 금융기관은 없었다. 아니 오히려 더 많은 펀드를 모집하였고, 어떤 곳은 대규모 묻지마 펀드까지 발매하였다.

그리고 펀드가 손실이 나면 "펀드는 장기투자가 답이다"라는 말만 되풀이하였다.

반대로 주가가 기업가치 이하로 폭락해 있던 때, 예를 들면 2008년 하반기 글로벌 금융위기로 주가가 폭락했을 때 펀드가입 시기를 물으면 주식투자가 절호의 기회임에도 금융기관에서는 "이자가 낮더라도 예금과 같은 안전자산에 투자하는 것이 제일이죠"라며 주식형 펀드의 가입을 만류하는 경우도 있었다.

이러한 잘못이 반복해서 되풀이되는 이유는 증시 대세를 모르기 때문이다. 설령 대세하락의 위험을 알고 있다손 치더라도 제 발로 찾아온 고객을 내쫓을 회사는 어디에도 없다.

전문가도 대세는 모른다

2010년 7월 어느 날, 부부동반 모임에 참석한 친구 부인과의 대화이다.

"앞으로 증권시장이 어떻게 될 것 같으세요?"

"주식을 가지고 있는 모양이지요?"

"주식은 아니고 2007년에 가입한 브릭스 펀드가 있어요."

"최근 주가가 많이 올라 수익률이 많이 회복되었겠네요."

"아니요. 펀드에 가입한 지 3년이 되었는데 아직까지도 마이너스 25%예요. 그래도 크게 걱정은 안 돼요. 내가 가입한 브릭스 펀드는 우리나라 최대은행인 K은행에서 판매한 것이고, 또 펀드는 장기투자라고 하더라고요."

"3년이 지났는데도 마이너스 25%라……, 세계경제가 회복국면에 진입했으니 기다리면 수익률이 상당부분 회복될 것입니다. 그런데 펀드를 대세상승의 꼭지점에서 가입하셨나 보군요. 혹시 부인이 펀드를 직접 선택하신 건가요?"

"아니에요. 제 주변의 사람들이 모두 중국펀드로 돈을 벌었다고 자랑을 하더라고요. 그래서 중국펀드에 가입하기 위해 K은행을 찾아갔더니 펀드판매 창구에서 국내펀드보다 해외펀드가 수익률이 더 좋다면서 브릭스 펀드를 추천하더라구요. 저야 주식에 대해 잘 모르니까 그냥 전문가가 추천하는게 좋겠거니 한 거죠. 지금은 손해여도 장기투자를 하면 괜찮을 거라고 하니까 큰 걱정은 안 하지만, 한편 생각해 보면 어이가 없어요. 펀드 전문가라는 사람들이 주가가 상투라고 판단되면 펀드가입을 말렸어야 되는 것 아니에요?"

"옳은 말이긴 한데, 그건 지나친 기대입니다. 펀드상담사도 증시 대세를 잘 알지 못합니다. 또 설령 대세를 잘 아는 사람이라 해도 투자를 하려고 돈을 가지고 온 분을 돌려보내겠어요?"

"전문가도 시장을 잘 모른다고요? 그럼 우리 같은 일반인들은 어떻게 해야 해요? 전문가도 모르는 걸 우리가 알 턱이 없잖아요?"

"증권시장 대세를 알려면 경제공부를 좀 해야 합니다. 그렇다고 머리 싸매고 공부하라는 이야기는 아니고 경제에 관한 기본적인 개념만 익히면 누구나 어렵지 않게 예측할 수 있습니다. 어차피 전문가라도 100% 들어맞는 예측을 할 수 없는 것은 마찬가지니까요."

"……"

"K은행에서 펀드를 가입하셨다고 했지요? 그러면 운용사는 어딥니까?"

"운용사? 잘 모르겠는데요. 운용사가 중요한가요?"

"그럼 환헤지는 된 펀드입니까?"

"환헤지라뇨? 그런 말은 못 들어봤는데요. 환헤지가 뭐죠?"

"아마 역내펀드이니 환헤지는 되어 있을 것입니다."

나는 펀드는 판매사보다 운용사가 더 중요하다는 것과 해외펀드의 경우 환헤지 여부가 투자수익률 결정에 매우 중요하다는 점도 설명해 주었다.

그리고 펀드도 주식투자와 마찬가지로 대세판단이 중요하고, 어디까지나 본인이 직접 결정해야 한다는 점까지 말해 주었다.

이번에는 화제를 돌려 부동산 투자를 생각해 보자.

부동산중개소에 가서 토지나 아파트 매입시기를 상담해 본 사람이면 누구나 경험했을 것이다. 시장이 좋건 나쁘건 간에 언제 어느 때 찾아가더라도 우리는 중개인의 다음과 같은 친절한 답변을 들을 수 있다.

"지금 사두시면 나중에 돈이 되는 적당한 물건이 있습니다."

이 말이 부동산경기 대세와 전혀 상관이 없다는 것을 지금은 경험을 통해 누구나 알고 있을 것이다.

부동산에도 큰 사이클이 있다는 것쯤은 이제 상식이 되었다. 그래서 부동산 투자를 할 때면 부동산중개소를 찾아가서 부동산경기에 대해 물어보고 조언을 구한다. 그러나 솔직히 부동산경기 전망에 대해서 자신 있게 대답하는 중개인은 흔하지 않다. 결국은 누가 판단해야 하는가?

투자상담사는 마진이 높은 상품을 팔고자 한다

자, 이제 하나의 결론을 내려보자.

모든 투자분야에는 다수의 투자자들에게 투자상담을 해주는 소위 전문가라는 사람들이 있다. 은행, 증권, 보험, 자산운용사 등 어떤 형태의 금융기관이든, 또 주식, 채권, 부동산, 외환, 금, 석유 등 투자대상이 무엇이건 간에 투자상담을 해주는 사람들의 말만 믿고 투자를 해서는 안 된다.

시계를 사려고 백화점에 들른 일이 있다. 백화점 내 시계진열대에는 외제시계 일색이었고 국산시계는 찾을 수가 없었다. 한참을 살피다가 "국산시계는 없습니까?" 하고 점원에게 물었다.

점원은 사람의 시선이 잘 가지 않는 곳을 가리켰다. 그곳에 국산시계가 있었다. 나중에 안 일이지만 외제시계는 판매마진이 높고 국산시계는 판매마진이 적기 때문에 마진이 높은 외제시계를 눈에 잘 띄는 전면에 디스플레이해 놓은 것이었다. 시계뿐만 아니라 의류와 스포츠용품 등 다른 상품들도 마찬가지일 것이다.

세상에 공짜는 없다

그렇다. 금융거래를 시작하는 순간부터 투자자들은 이해가 상충되는 사람들을 만날 수밖에 없다.

금융기관에서 고객의 입장과 회사 입장이 상충될 경우 어떻게 하겠는가? 역시나 판매마진이 높은 상품을 고객에게 먼저 소개하려 들지 않을까. 이런 예는 무수히 많다.

고객의 수익과 회사 수익을 동시에 올려야 하는 증권사 직원을 예로 들면, 종목을 선정할 때 좀더 잦은 매수·매도를 유발하기 위해 업종 대표주보다 다소 부실한 종목을 추천한다든가(대형 우량주의 경우 매매를 자주 하지 않는 경향이 있다), 과거 오랜 기간 동안 좋은 성과가 확인된 타사 펀드를 제외시키고 계열회사가 운용하는 펀드를 추천한다든가, 고객의 높은 투자위험성을 뒤로한 채 상대적으로 수수료 수입이 짭짤한 주식워런트증권(ELW, Equity Linked Warrent)이나 주식연계증권(ELS, Equity Linked Securities), 심지어 키코(KIKO) 등의 상품을 권유하는 경우 등이다.

그것은 백화점이 마진이 높은 상품을 고객들 눈에 쉽게 띄는 앞면에 배치하고 마진이 적은 상품일수록 뒤쪽에 배치하는 이유와 다를 바가 없다.

투자상담을 해주는 사람들 중에는 일반투자자들보다 더 깊이 있는 지식과 풍부한 경험을 바탕으로 미래예측도 상대적으로 더 정확한 사람이 있다는 것을 부인하지 않는다. 그러나 그 비율은 지극히 낮은 편이다. 그리고 투자자들은 그 소수의 사람이 누구인지를 알 길이 없다. 또한 그런 사람과 만나 조언을 받을 방법을 알지 못한다.

투자조언자를 믿을 수가 없다면 결국 믿을 사람은 투자자 자신뿐이다.

대세판단, 이제는 스스로 해보아야 한다

대세판단, 이제는 투자자 자신이 해야 한다. 상담자에게 조언을 구할 때도 무턱대고 의존하는 것이 아니라 나의 판단이 옳은지를 다시 한번 확인해 보는 보완절차라고 생각해야 한다.

한때 사업이라고는 처음으로 참치전문 체인점을 동업자 형태로 경영한 적이 있다.

주방장 카운터에는 손님들이 가득 차서 항상 의자가 부족했다. 그러나 방과 홀에 있는 테이블에는 손님이 상대적으로 적었다. 알고 보니 주방장과 고객 사이에 보이지 않는 거래가 이루어지고 있었다. 참치는 부위에 따라 가격이 천차만별이다. 그런데 주방장은 1~2만원의 팁을 받고 참다랑어 뱃살(흔히 '혼마구로'라고 한다) 등 비싼 부위를 듬뿍 썰어주고, 고객은 주방장 바로 앞 테이블에서 싼값에 맛있는 부위의 참치를 먹을 수 있는 은밀한 거래였다.

그 결과 가게는 매월 적자에 허덕였지만 주방장은 월급 이외 추가 수익까지 거두고 있었다. 참다못해 주방장을 불러 주의를 주었더니 다음날 말도 없이 결근하고, 며칠 후에는 주방식구 모두를 데리고 떠나버렸다. 울며 겨자 먹기로 나와 동업자는 주방의 공백만큼 손실을 감수해야 했다. 이런 일이 반복되니 참치집이 잘될 리 있었겠는가?

참치 써는 일은 그리 대단한 노하우가 필요하지 않다는 것을 알게 된 것은 그 이후였다.

몸고생, 마음고생, 돈고생까지 호되게 치르고서야 주인이 직접 참치를 썰지 않더라도 주인은 주방장을 대신할 만큼 운영에 관한 노하우를 익히고 시작했어야 했다고 후회했던 일이 기억난다.

웬 참치 이야기냐고? 주인이 주방장만큼은 알아야 참치집 운영을 성공적으로 할 수 있듯이 투자자도 본인이 대세를 판단할 줄 알아야 상담자를 제대로 활용할 수 있는 법이다.

"본인 스스로 대세판단을 해야 한다는 것은 알겠습니다. 그런데 경제적인 지식이 부족한 일반투자자들이 전문가도 하기 어렵다는 대세판단을 어떻게 한단 말입니까?"

사실 옳은 말이다. 증시 대세판단은 경제적인 지식도 필요하고 무엇보다 오랜 경험도 필요한 것이 사실이다. 그래도 이 책을 가벼운 마음으로 읽어보기 바란다. 어쩌면 대세를 판단하는 것도 참치 써는 것과 마찬가지로 어려운 것만은 아니구나라는 생각이 들 것이다.

이 책에는 필자의 경험이 아낌없이 녹아 있다. 그리고 이야기하듯 쉬운 말로 풀어썼기 때문에 책장이 의외로 술술 넘어갈 것이다. 그럼, 지금부터 대세판단 방법과 요령을 차근차근 전수(?)받아 보자.

주가수익비율 PER(Price Earing Ratio)는 주가를 주당순이익(EPS)으로 나누어 현재 주가가 주당순이익의 몇 배인가를 알아보는 지표이다.

$$\text{PER(배)} = \text{주가} \div \text{주당순이익(EPS)}$$

흔히 **PER가 낮으면 주가가 저평가되어 있다고 하고, PER가 높으면 주가가 고평가되어 있다고 본다.** PER가 높다 낮다는 시장평균과 업종평균을 기준으로 판단하며, 과거 수치보다 예상수치가 더 중요하다. 과거 수치는 한국거래소(www.krx.co.kr) 또는 KOSIS 국가통계포털(www.kosis.kr), 경제신문 증권란을 참고하면 알 수 있으나 예상 시장평균 PER는 공식적으로 발표하는 곳이 없으므로 신문이나 증권사 리포트 등을 참고하여 관심 있게 보는 수밖에 없다.

과거 PER 추이를 알려면 한국거래소(www.krx.co.kr)로 들어가 '통계→지수→국내지수→주가이익비율(PER)' 을 클릭하면 지금까지의 PER 관련 추이를 검색할 수 있다.

한국거래소(www.krx.co.kr)로 들어가 '통계→지수→국내지수→주가이익비율(PER)'을 클릭하면 업종별 과거 PER 추이를 알 수 있다.

증권시장 대세란 무엇이며, 예측할 수 있는 것인가?

한여름, 서해안으로 가족들과 함께 피서를 간 일이 있다. 바닷물이 빠져나가고 넓은 갯벌엔 개흙과 작은 생명체들만 남아 있었다. 아이들과 함께 조개를 캐고 방게를 잡는 재미에 시간가는 줄 몰랐다. 그런데 시간이 얼마나 지났을까, 바닷물이 발밑까지 밀려와서야 밀물 때가 되었다는 것을 알게 되었다. 고개를 들어 바다 쪽을 바라보니 갯벌이 순식간에 바닷물에 잠기고 있었다.

갑자기 생명의 위협이 느껴졌다. 순간 나는 아이들과 함께 사력을 다해 뭍을 향해 뛰었다. 바닷물이 밀려오는 속도가 우리가 뛰는 속도보다 더 빠른 것 같았다. 밀물 시간을 체크하지 못한 결과가 크나큰 참화를 불러올 뻔한 일이었다.

주가는 끝없이 오르지도, 한없이 떨어지지도 않는다

해변에서 밀물과 썰물이 반복되듯이 증권시장도 끊임없이 오르내림을 반복한다. 증권시장이 오르기만 한다든가 떨어지기만 한다면 어느 누가 주식투자가 어렵다고 하겠는가?

증권시장은 끝없이 오르지도 한없이 떨어지지도 않는다. 서양속담에 "나무가 아무리 자라도 하늘에 닿지 않는다"라고 했다. 그것이 자연의 법칙이다.

주가는 큰 파동을 그리며 등락을 반복하는데 대세상승기에는 짧게는 1년, 길게는 5년 상승을 지속하다가 하락으로 전환되고, 대세하락기도 비슷한 사이클을 그린다.

우선 과거 우리나라 증권시장 대세를 다음장의 그래프를 통해 눈으로 확인해 보자. 그래프로 보면 대세가 쉽게 이해될 것이다. 31쪽의 표는 좀더 이해하기 쉽도록 대세 상승기와 하락기를 표로 요약해 본 것이다.

	대세상승기					대세하락기			
	기간	코스피 (저점/고점)	소요기간	상승률 (%)		기간	코스피 (고점/저점)	소요기간	하락률 (%)
1	1975. 1~ 1978. 8	100 228	3년 8개월	128	1	1978. 8~ 1981. 1	228 93	2년 6개월	59.2
2	1981. 1~ 1981. 8	93 223	8개월	139.7	2	1981. 8~ 1982. 5	223 106	10개월	52.4
3	1985. 1~ 1989. 3	139 1,007	4년 3개월	624.5	3	1989. 4~ 1992. 7	1,015 504	3년 4개월	50.3
4	1992. 8~ 1994. 10	456 1,128	2년 3개월	147.4	4	1994. 11~ 1998. 5	1,145 301	3년 7개월	73.7
5	1998. 10~ 1999. 12	302 1,038	1년 3개월	243.7	5	2000. 1~ 2001. 9	1,066 463	1년 9개월	56.6
6	2003. 4~ 2007. 10	525 2,070	4년 7개월	294.2	6	2007. 11~ 2008. 10	2,085 892	1년	57.2
7	2009. 3~ 2011. 4	892 2,231	2년 1개월	150.1	7	2018. 1~ 2020. 3	2,607 1,434	2년 2개월	44.9
8	2016. 11~ 2017. 12	1,931 2,607	1년 1개월	35					
9	2020. 3~	1,434	?	?					

* 2001년 10월~2003년 3월에도 증시 등락이 있었지만 기간이 짧고 그 폭이 크지 않아 제외하였다.
* 1차 횡보기(1982.6~1965.6), 2차 횡보기(2011.5~2016.11)

코스피지수로 본 증권시장 대세

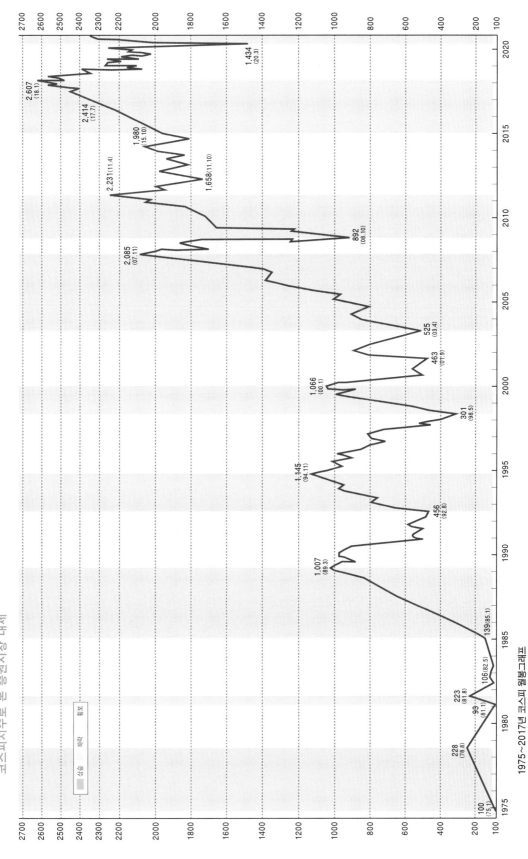

1975~2017년 코스피 월봉그래프

2,607
(18.1)

2,414
(17.7)

2,231(11.4)

1,980
(15.10)

2,085
(07.11)

1,658(11.10)

1,434
(20.3)

892
(08.10)

1,066
(00.1)

525
(03.4)

463
(07.9)

301
(98.5)

1,145
(94.11)

456
(92.8)

1,007
(89.3)

139(85.1)

106(82.5)

223
(81.8)

99
(81.1)

228
(78.8)

100
(75.1)

상승 하락 횡보

알아두세요

우리 증시 역사에서 나타난 대세 상승기와 하락기의 배경과 특징은 셋째마당에서 상세하게 설명한다.

주가, 산이 높으면 계곡이 깊다

우리나라 증권시장 역사를 보면 45년간(1975~2020년) 8번의 대세 상승과 7번의 대세하락 그리고 2번의 대세횡보기가 있었다. 1차 횡보기는 1982년 6월부터 1985년 6월까지 3년간 지속되었고 2차 횡보기는 2011년 5월부터 2016년 11월까지 5년 6개월간 지속되었다. 5~10년 간격으로 상승과 하락의 큰 사이클을 반복한다는 것을 알 수 있다.

2016~2017년 대세상승기를 제외하면(기간이 1년 2개월로 너무 짧음) 7번의 대세상승기간 평균상승률은 262%였다. 또한 7번의 대세하락기간 평균 하락률은 53%였다.

대세가 한번 상승으로 방향을 잡으면 평균 262%의 수익을 실현할 수 있는 반면에 대세가 한번 하락으로 전환되면 평균 53% 손실을 볼 수 있다는 의미이다.

이는 대세에 순응하는 투자를 해야만 수익을 낼 수 있다는 것을 여실히 보여준다.

하락장에서 입은 손실을 만회해 그나마 원금이라도 회복하려면 하락률의 2배 정도의 수익률을 거둬야 한다. 그렇기 때문에 주식시장에서 수익을 내기란 결코 쉽지 않은 것이다.

대체로 경기호황이 길어 주가 상승폭이 클수록 경기가 불황으로 돌아서면 주가 하락폭도 깊어진다. 대세상승기에 벌어둔 수익은 대세하락기로 접어들면 한순간에 마이너스로 역전되기 쉬운 것이다. 이 사실 하나만으로도 증권시장 대세판단이 투자의 성패를 가리는 데 얼마나 결정적인 요소인지를 쉽게 알 수 있다.

투자의 달인은 대세를 읽고 순응한다!

'월가의 영웅'이라는 칭호를 받고 있는 전설적인 인물 피터 린치(Peter Lynch)는 《주식투자의 법칙》이라는 저서에서 이렇게 말했다.

"주식에서 돈을 잃는 것은 부끄러운 일이 아니다. 모두가 그렇게 잃기도 한다. 창피한 것은 경제의 기본적인 요소들이 악화되고 있는데도 주식을 손에 쥐고 있는 것이다. 더 나쁜 것은 여기에서 더 사들이는 것이다."

그는 경제여건이 나빠지고 있는데도 주식을 사들이는 행위를 부끄럽게 생각해야 한다고 했다.

뛰어난 투자실력과 기부활동으로 '오바마의 현인'이라는 칭호를 받고 있는 워렌 버핏(Warren Buffett)도 증권시장 대세를 예측하고 활용하였다.

1987년 10월 증시 대폭락(블랙먼데이)이 발생하기 전에 그는 보유주식 중 3종목만 남기고 대량으로 주식을 처분하였다. 그리고 주가가 폭락하여 대부분의 투자자들이 공포에 질려 주식을 쳐다보지도 않을 때인 1988년에는 코카콜라 같은 우량주를 대거 매입하였다. 또한 1999년 IT주 버블이 심할 때 그는 보유주를 오히려 매도하였다. 2007년 중국증시가 한껏 달아올랐을 때도 버블이 심하다며 중국주식 투자를 경계했다. 그리고 2008년 중반 글로벌 금융위기로 세계증시가 폭락했을 때는 과감하게 주식을 매수해야 할 때라고 했고, 본인도 그렇게 실행에 옮겼다.

많은 사람들이 버핏은 신중하게 기업의 가치를 분석한 후 종목을 한번 매수하면 평생을 보유하는 사람으로 알고 있는데, 그보다 그는 증권시장 대세를 판단하는 기준을 가지고 있기에 투자의 달인이 될 수 있었다고 생각한다.

나는 기회 있을 때마다 주식투자자들에게 질문을 해보았다.
"증권시장이 생긴 이래 지금까지 주식에 투자한 사람들 중 몇퍼센트가 성공했을까요?"
성공한 사람은 소수인 반면 주식투자로 손실을 본 비율은 월등히 높다. 특히 소액투자자, 즉 개미 투자자들의 성공비율은 낮았다. 절대다수가 주식투자로 성공하지 못하는 가장 큰 이유는 대세판단을 할 줄 모르기 때문이다.

경기흐름을 알면 증권시장 대세가 보인다

증권시장 대세가 5~10년 간격으로 상승과 하락을 반복하는 이유는 경기가 5~10년 간격으로 호황→후퇴→불황→회복의 과정을 반복하는 것과 그 맥을 같이하기 때문이다. 경기순환을 파악하고 예측하는 것이 곧 대세를 판단하고 예측하는 것과 다르지 않다는 말이다.

따라서 경제의 호황과 후퇴 그리고 불황과 회복을 반복하게 하는 경제요인이 무엇인지를 두번째 마당에서 살펴볼 것이다. 그리고 셋째마당에서는 그러한 경제요인들이 대세 상승기나 하락기 또는 변곡점에서 실제로 어떻게 나타났는가를 검증해 볼 것이다.

증권시장 대세를 몇 가지 경제요인으로 예측하고 판단하는 것 자체가 다소 무리가 있는 것은 사실이다. 또한 GDP성장률, 물가상승률, 금리, 국제수지, 주가수익비율(PER) 등 경제요인 모두가 고정되어 있는 것이 아니라 수시로 변동하는 가변적인 요소이고 과거 수치보다는 미래 전망이 더 중요하기 때문에 대세판단은 결코 간단하

지 않다. 그럼에도 불구하고 증시 대세판단 방법을 제시하는 이유
는 대세를 판단하는 기준 없이 투자를 지속해서는 결코 성공할 수
없기 때문이다.

둘째
마당

6가지 경제지표를
해독하면
주가가 보인다!

경제가 호황이다 불황이다를 판단하는 기준은 GDP성장률, 물가, 금리, 환율과 국제수지 그리고 시장 EPS이다. 둘째마당에서는 이들 경제요인 하나하나를 해석하고 종합적으로 판단하는 방법을 일반투자자의 입장에서 알아보자.

The Cakewalk Series –
Understanding stock market cycle to get high profits

주식투자자라면 경기진단을 할 줄 알아야 한다!

"문제는 경제야, 이 바보야(It's economy, you stupid)!"

미국 대통령을 지낸 빌 클린턴이 1992년 대선 때 한 말이다. 공교롭게도 16년 후 2008년 대선 때도 버락 오바마가 또 한번 같은 말을 했다.

그리고 두 사람 모두 미국의 대통령으로 당선되었다. 미국민들은 세계문제, 정치문제, 사회문제 등 국내외 많은 문제들 중에서 당장 '먹고사는 문제'가 가장 중요하다고 생각한 것이다. 그 점은 미국뿐만 아니라 이 세상 모든 나라 사람들이 별반 다르지 않을 것이다.

경제가 좋아야 대세가 상승하는 것이 기본 원리

경제가 좋으면 증시 대세도 상승하고, 경제가 나쁘면 증시 대세도 하락한다. 더러는 "경제가 나쁠 때도 주가가 올라가는 경우가 있지 않은가?"라고 이의를 제기하는 사람도 있을 것이다.

경제가 나쁜데도 증권시장이 상승하는 예외적인 경우가 있긴 있다. 정부가 침체된 경기를 부양하기 위해서 돈을 풀고, 금리를 내렸을 때 가끔 생기는 경우이다. 적당한 투자처를 찾지 못한 시중자금이 일시적으로 증권시장에 유입되어 돈의 힘으로 주가가 상승하는 경우로 흔히 유동성 장세라고 부른다. 그러나 경제가 좋지 못한데 주가만 계속 상승할 수는 없다. 결국 주가 상승은 단기 랠리에 그치고 조만간에 하락하게 마련이다.

경기가 좋다, 나쁘다는 무엇을 기준으로 어떻게 판단하는가?

다음은 2010년과 2015년 미국증시가 방향을 잡지 못하고 등락을 반복하던 시기에 언론이 보도한 내용을 요약하여 인용한 것이다.

● **2010년 5월 4일**

'소비지표와 제조업지표가 호조를 보였다. 3월 소비지출이 전월비 0.6% 증가하였고, 개인소득 역시 0.3% 증가하였으며 제조업지수가 59.6에서 60.4로 상승했다'는 이유로 다우 1.3%, 나스닥 1.53%, S&P 1.31% 각각 상승하였다.

● **2010년 6월 24일**

'유럽의 재정위기로 은행부실 문제가 제기되었다'는 보도로 다우 -1.41%, 나스닥 -1.63%, S&P -1.68% 크게 하락하였다.

● **2010년 8월 10일**

'미국 FOMC(연방공개시장위원회)의 추가 경기부양조치에 대한 기대'로 다우 0.42%, 나스닥 0.75%, S&P 0.55% 각각 상승하였다.

● **2010년 8월 24일**

'미국의 3/4분기 GDP성장률이 하락할 것이다'라는 예측보도로 다우 -1.32%, 나스닥 -1.66%, S&P -1.45% 크게 하락하였다.

● **2015년 9월 18일**

미국 FRB(미국연방준비제도이사회)는 금리인상을 보류하고 제로금리 정책을 유지하기로 결정했다. 재닛 옐런 의장은 고용개선의 불충분과 중국의 경기둔화가 그 이유라고 밝혔다. 이날 금리인상 보류 결정으로 다우 -1.74%, 나스닥 -1.36%, S&P -1.61% 각각 하락했고, 유럽과 일본 증시도 일제히 하락하였다.

● **2015년 10월 2일**
금리인상 시기가 연말 또는 그 이후로 연기될 것 같다는 보도와 함께 달러가치 하락으로 다우 1.23%, 나스닥 1.74%, S&P 1.43% 각각 상승하였다.

● **2015년 10월 24일**
중국 인민은행이 1년 만기 대출금리를 기존 4.6%에서 4.35%로, 예금금리는 1.75%에서 1.50%로 낮추었다는 보도가 호재로 작용하여 다우 0.9%, 나스닥 2.27%, S&P 1.1% 각각 상승하였다.

이와 같이 짧은 기간 내에도 상승과 하락을 오가는 경제신문이나 증권전문 방송 등의 보도를 접하는 투자자들은 짜증이 날 수밖에 없다.

"미국경제가 좋아지고 있다는 뜻이야, 나빠지고 있다는 뜻이야?"
"미국증시는 상승추세인 거야, 하락추세인 거야?"
세상에 대세를 판단해 주는 매스컴은 없다. 매스컴은 대세에 영향을 미치는 여러 가지 정보를 전해 주기만 하면 될 뿐 '대세판단이야 어떻게 하든 투자자들이 알아서 판단할 문제'라고 생각한다.
그래서 주식투자자들만큼 알아야 할 것이 많은 직업(?)도 없다. 지구 여기저기에서 벌어지는 국제문제도 있고, 국내에서도 정치·경제·사회문제가 널려 있다. 경제문제도 경제성장률, 물가, 생산, 소비, 소득, 실업, 금리, 환율 등 나열할 수 없을 만큼 가짓수가 많다.

'경제가 좋으면 대세도 상승하고, 경제가 나쁘면 대세도 하락한다'는 말의 뜻은 알겠다. 그러나 경제가 좋고 나쁨을 안다는 것이 어디

그리 쉬운 일인가? 특히 경제에 관한 전문지식이 없는 대부분의 투자자들이 쉽고 간단하게 경제의 호불황을 판단하기란 어렵다. 좋은 방법이 없을까?

구체적인 판단방법은 넷째마당에서 정리할 것이다. 그에 앞서 이번 마당에서는 증시 대세에 영향을 미치는 주요 요인들을 먼저 알아볼 것이다.

마음이 급한 나머지 경제요인에 관한 개념을 설명한 이번 마당과 경제요인과 주가의 관계를 역사적으로 확인해 보는 셋째마당을 건너뛰고 해답부터 보려 한다면 쉽게 이해되지 않을 것이다. 말하자면 경제요인들을 정확히 이해할 수 있는 사람만이 해답을 제대로 볼 수 있는 셈이다.

대세 결정 요인 1
GDP성장률

경제가 좋다, 나쁘다는 GDP성장률로 판단한다

'경제가 좋아야 증권시장도 좋아진다'라는 대전제가 섰다면 증권시장 대세를 결정하는 경제요인에 대해 알아보자. 가장 중요한 판단 기준이 되는 것은 GDP성장률, 즉 국내총생산 성장률이다.

국내총생산(GDP)은 한 나라 영토 안에서 생산한 재화와 용역 등 최종생산물의 가치이다. 따라서 GDP의 규모를 보면 그 나라 살림살이의 규모를 알 수 있고, GDP성장률을 보면 그 나라 살림살이가 좋아지고 있는지 나빠지고 있는지를 알 수가 있다.

GDP성장률이란 국내총생산량이 전년 동기에 비해 얼마나 증가했나, 또는 얼마나 줄어들었나를 %로 나타낸 것이다. GDP성장률이 높다는 말은 생산활동이 왕성해 최종생산물이 크게 증가하였고 국민들의 살림살이도 넉넉해졌다는 뜻이다. 반대로 GDP성장률이 마이너스이면 생산활동이 위축되었고 국민들의 살림살이도 어려워졌다는 뜻이다.

2008년 글로벌 금융위기 이후 중국, 인도, 인도네시아, 베트남, 태국 등 이머징국가가 5~9%의 높은 GDP성장률을 보이며 세계경제 성장을 주도해 왔다. 그러나 세계 각국에서 금리인하와 양적완화가 시행되면서 그 효과는 나라마다 다르게 나타나고 있다. 미국경제가 빠르게 호전되고 이어 일본과 EU경제도 회복국면을 보인 반면 중국을 비롯한 이머징국가들의 회복은 상대적으로 느리게 나타났다.

경제활동의 최종목표는 성장, 성장의 핵심지표 GDP성장률

GDP성장률이 높을 때는 생산, 판매, 수익 모두가 늘어난다. 장사가 잘되어 기업이 돈을 많이 벌면 주주들에게 배당금을 많이 줄 것이다. 또한 배당금을 주고 남는 돈은 사내에 유보금으로 적립해 두거나 생산을 더 늘리기 위해 투자를 하게 된다. 그리하여 필연적으로 기업의 가치가 높아지고 주가는 상승하게 된다.

 잠깐만요 : 왜 GDP성장률이 증시 대세판단의 핵심요소인가?

GDP(국내총생산, Gross Domestic Products)란 한 나라 '영토' 내에서 '최종적으로' 생산된 모든 상품이나 서비스를 시장가치로 계산한 것이다. '영토 내에서 생산'된 것이라는 점에서 세계 어느 나라에 있든 그 나라 국민이 생산한 최종생산물의 가치를 나타내는 GNP(국민총생산, Gross National Products)와 구분된다.

'최종적'이란 말은 '중간재'는 제외된다는 뜻이고, '시장가치로 계산'한 것이란 말은 주부의 가사노동과 같이 시장가치로 계산할 수 없는 것은 제외한다는 뜻이다. 최근에는 세계 여러 나라에 걸쳐 사업을 영위하는 글로벌 기업이 많아졌고, 노동자들의 국가간 이동이 활발해지면서 국가별 경제성장률의 지표로 GNP보다 GDP를 더 많이 사용하고 있다.

GDP성장률은 GDP가 전년 동기 또는 전분기에 비해 얼마나 성장했나를 비교하는 것으로 %로 나타낸다. 그리고 물가상승 요인으로 증가한 부분을 뺀 실질성장률을 나타낸다. 경제는 결국 생산의 성장과 직결된다. 이 생산의 성장을 보여주는 가장 확실한 지표가 GDP성장률이다. GDP성장률은 경제목표의 핵심이자 중추이며 증시 대세판단에 있어 제일 중요한 경제지표이기에 이 책에서도 GDP성장률 설명에 상당 부분을 할애하고 있다.

즉 GDP성장률이 높을 때는 투자↑ → 고용↑ → 소득↑ → 소비↑ → 투자↑ 등의 순으로 경제의 선순환이 이루어지고, 그 결과 주가는 상승한다.

GDP성장률이 높을 때

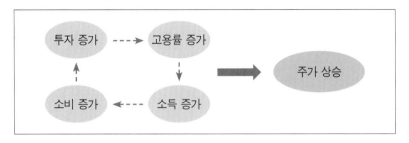

반면에 GDP성장률이 낮거나 하향추세를 보일 때는 그 반대현상이 나타난다. 즉 투자↓ → 고용↓ → 소득↓ → 소비↓ → 투자↓ 순으로 경제의 역순환이 이루어지므로 주가는 떨어진다.

GDP성장률이 낮을 때

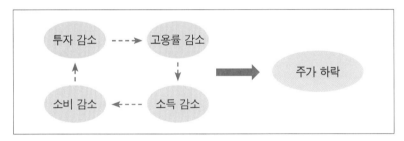

국민소득 '삼면등가의 법칙'이라는 말이 있다. 알아보기 쉽게 등식화하면 다음과 같다.

생산국민소득 = 분배국민소득 = 지출국민소득

풀이하면, 국민소득이라는 측면에서 보면 생산총량이 곧 분배총량 및 지출총량과 거의 같다는 뜻이다. 이것만 보아도 GDP성장률이

'국민의 살림살이가 나아지고 있는지 나빠지고 있는지를 판단하는 지표'임을 알 수가 있다.

- GDP성장률이 높다 → 경제가 좋다
- GDP성장률이 높아질 것으로 전망된다 → 경제가 좋아질 것이다
- GDP성장률이 낮거나 마이너스이다 → 경제가 나쁘다
- GDP성장률이 낮아질 것으로 전망된다 → 경제가 나빠질 것이다

GDP성장률 전망은 국내외 여러 기관에서 하고 있다. 세계적 기관으로는 IMF와 OECD 그리고 세계은행 등이 있고, 국내 기관은 기획재정부, 한국은행, 한국개발연구원, 전경련연합회 산하 기관인 한국경제연구원 그리고 민간기관으로 삼성, LG, 현대 등의 경제연구소가

잠깐만요 : IMF 사이트에서 GDP성장률을 찾아보려면?

IMF 사이트(www.imf.org)에 들어가면 한국을 포함한 세계 각국의 GDP 규모, GDP성장률, 물가상승률, 실업률, 국제수지 등 금리를 제외한 웬만한 경제지표는 다 확인할 수 있다. 특히 과거뿐만 아니라 향후 5년 전망도 볼 수 있다는 점이 매력적이다. 영어로 되어 있지만 데이터 위주여서 어렵지 않을 것이다.

보는 순서는 IMF 사이트(www.imf.org) 상단 메뉴바에서 'DATA → World Economic Outlook Database → 원하는 연도 선택 → 윗부분 두번째 박스 속에서 By Countries'를 클릭한다. 특정 국가만 알아보려면 'Clear All'을 클릭한 후 원하는 국가만 체크한 후 'Continue'를 클릭한다.

있다. 한 가지 재미있는 사실은, 대체로 정부기관은 GDP성장률을 높게 전망하는 경향이 있는 반면에 민간경제연구소는 낮추어 전망하는 경향이 있다는 점이다. 그 이유는 정부는 정치적으로 국민에게 희망을 전달하려는 뜻이 담겨 있는 데 반해 민간단체는 경제가 어렵다는 것을 보여줌으로써 정부로부터 경기부양조치를 얻어내고 노사협상에서 유리한 고지에 서기 위해서다.

GDP성장률을 정확하게 평가하려면 잠재성장률에 주목하라

지금까지 우리는 증권시장의 대세는 경제가 좋고 나쁨에 따라 결정되며, 경제의 호불황은 GDP성장률의 높낮이가 기준이라고 했다. 그런데 여기서 의문이 생긴다.

'GDP성장률이 얼마나 높아야 높다고 하는가? 또 얼마나 낮으면 낮다고 판단하는가?'

GDP성장률이 높다 낮다를 판단하는 방법은 다른 나라의 성장률과 비교해서 판단하는 방법도 있고, 과거 성장률과 비교해서 판단하는 방법도 있다. 그러나 증권시장의 대세판단과 관련해서는 잠재성장률과 비교해서 GDP성장률의 높낮이를 판단해야 한다.

경제의 성장판이라 할 수 있는 '잠재성장률(Potential growth rate)'은 한 나라 경제가 보유하고 있는 노동, 자본 등 생산요소를 모두 활용하였을 때 달성할 수 있는 성장률을 말한다. 물가 상승을 유발하지 않고 성장할 수 있는 최대의 생산능력을 뜻한다는 점에서 적정성장률이라고 할 수도 있다.

잠재성장률은 선진국에 가까워질수록 저출산과 고령화 사회 진입으로 인해 노동 가능 인구가 감소함에 따라 낮아지는 경향이 있다. 반면 이머징국가들의 잠재성장률은 선진국에 비해 높다.

OECD 주요국과 한국의 잠재성장률 추이						
	2006~08년	2009~10년	2015년	2020년	2025년	2030년
미국	2.4%	1.5%	2.3%	2.0%	2.2%	2.2%
일본	1.0%	0.6%	0.8%	1.1%	1.2%	1.3%
영국	2.2%	1.3%	2.0%	1.5%	2.0%	2.2%
독일	1.2%	0.8%	1.2%	1.3%	1.0%	1.0%
한국	5.0%	4.0%	3.2%	2.5%	2.1%	1.7%

OECD 자료에 따르면 한국의 잠재성장률은 1986~90년에 7%였던 것이 2006~2008년에는 5%로, 2009~2010년 4%, 2015년 3.2%, 2020년 2.5%, 2025년 2.1%, 2030년에는 1.7%로 추세적으로 낮아지고 있다. 한국의 잠재성장률이 OECD 평균에 비해 빠르게 낮아지는 배경은 생산연령의 인구감소와 생산성 증가세 둔화 때문이다.

한국의 잠재성장률 추이

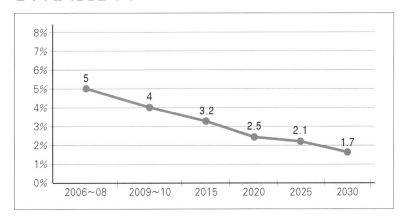

잠재성장률은 '한 나라가 보유하고 있는 노동, 자본 등의 생산요소를 모두 활용하였을 때 달성할 수 있는 최대의 생산증가율'이라는 전제 위에서 산출되기 때문에 그 수치를 정확하게 계산하기가 쉽지 않고 발표하는 기관도 많지 않다. 그 중 OECD 사이트에서는 회원

국의 잠재성장률을 비정기적으로 발표하고 있으니 관심 있는 사람들은 방문하여 확인해보자.

GDP갭으로 호황과 불황의 깊이를 가늠하라

GDP성장률과 잠재성장률의 차이를 GDP갭(gap)이라고 한다.

GDP갭 = GDP성장률 ─ GDP잠재성장률

GDP갭이 플러스(+)이면 경제는 호황 또는 회복 국면이라 볼 수 있고, GDP갭이 마이너스(−)이면 경제는 불황 또는 침체 국면이라고 할 수 있다. 그리고 그 갭이 크면 클수록 호황과 불황의 깊이가 깊다고 할 수 있다.

예를 들어 잠재성장률이 4%인 경우를 생각해 보자.
GDP성장률이 4% 이상 즉 5%, 6%, 7%로 높아질수록 경제는 호황을 누리고 그에 따라 증시도 상승으로 이어질 것이다. 반대로 GDP성장률이 4% 이하로 떨어질수록 경제는 불황에 빠지고 증시 대세는 하락할 것이다.

잠깐만요 : 잠재성장률의 급격한 하락에 대한 정부의 대책은 무엇인가?

정부는 우리나라가 2016년부터 본격적인 저성장국가로 접어든다고 보고 장기적인 관점에서 저출산, 고령화를 막기 위한 노력을 기울이고 있다. 또한 수출제조업 중심의 성장구도에서 탈피해 내수 확대를 위한 서비스산업을 선진화하고 환경중시 트렌드를 바탕으로 녹색성장 관련 기술과 사업 개발에 몰두하고 있다. 그외 첨단융합, 지식기반, 녹색기술 분야 등 미래 '먹거리 창출'을 위해 노력하고 있다.

알아두세요

기저효과

어떠한 결과값을 산출하는 과정에서 기준이 되는 시점과 비교대상 시점의 상대적인 위치에 따라서 그 결과값이 실제보다 왜곡되어 나타나게 되는 현상을 기저효과라고 말한다. 경제성장률을 예로 들면 비교연도인 전년도 성장률이 지나치게 높을 때(또는 낮을 때) 금년도 성장률이 실제 상황보다 더욱 저조하게(또는 높게) 느껴지는 경우를 말한다.

또 하나 유의해야 할 것이 있다. GDP성장률을 기준으로 경기를 판단할 때는 반드시 '기저효과'를 고려해야 한다는 것이다.

예를 들어 금년도 예상성장률이 전년도 성장률 6%보다 낮은 4.5~5%로 예상된다고 하더라도 '경제성장이 둔화되고 있다'라고 하지 '경제가 나쁘다'고 하지 않는다. 그 이유는 첫째로 GDP성장률이 잠재성장률인 4%보다 높기 때문이고, 둘째는 전년도 성장률 6%가 높았기 때문에 발생하는 기저효과 때문에 성장률이 상대적으로 둔화된 것으로 보아야 하기 때문이다.

마찬가지 이유로 0~1% 수준이던 성장률이 2~3%로 높아지더라도 '경제가 호전되었다'고 말할 수는 있어도 '경제가 좋다'라고 말할 수는 없다.

실제로 우리나라에서 GDP성장률이 잠재성장률보다 높았던 시기는 아래와 같고, 이 기간 동안 증시는 모두 상승했다.

- 1975~1978년 7월(3년 7개월 평균 GDP성장률 11.4%)
- 1985~1988년(4년 평균 GDP성장률 10.8%)
- 1993~1994년(2년 평균 GDP성장률 7.5%)
- 2004~2007년(4년 평균 GDP성장률 4.7%)

반면에 GDP성장률이 잠재성장률보다 낮았던 1979~80년(세계 2차 오일쇼크), 1997~98년(IMF 외환위기)에는 증시도 모두 하락했다.

GDP갭이 클 때는 물가와 금리가 대세에 영향을 미친다

GDP성장률이 잠재성장률에 비해 지나치게 높은 경우 무조건 좋아할 수도 없다. 예를 들어 잠재성장률이 3%인데 연간 GDP성장률이 5~6%라면 어떨까?

알아두세요

물가가 치솟음에 따라 금리를 올려 물가를 조정하려 할 때는 주가가 하락할 가능성이 많다. 금리는 주가의 향방을 좌우하는 경우가 많으니 유심히 살펴봐야 할 것이다. 물가와 금리에 대한 자세한 설명은 68~89쪽 참조.

GDP성장률이 지나치게 높으면 경기가 과열되고 이는 물가 상승을 초래한다. 경제가 좋아 소득이 높아지면 돈의 씀씀이가 헤퍼지는 것은 자연스러운 일이나 소비가 많아 물가가 계속 오르면 정부는 물가를 잡기 위해 시중의 돈을 줄이거나 금리를 높인다.

이러한 상황에서 금리가 올라가면 일단 '이것이 호황의 끝이 아닌가' 하고 의심을 해봐야 한다. 이럴 때는 주가수준을 체크해 본 후 투자를 결정하는 것이 좋다.

주식시장 버블이 심할 때는 대세상승이라는 열차에서 뛰어내려야 한다. 다만 주가수준으로 보아 버블이 없다고 판단될 경우에는 대세상승이라는 행복열차에서 너무 일찍 뛰어내리는 어리석음을 범해서도 안 된다.

GDP갭이 높게 나오더라도 물가상승률이 높지 않고 주가 버블이 없다면 대세상승을 더 즐겨도 된다는 의미이다. 주가가 버블이냐 아니냐를 판단하는 기준은 넷째마당에서 다시 자세히 설명할 것이다.

반대로 GDP갭이 마이너스이면서 그 차이가 클 경우에는 불황의 골이 깊은 것은 말할 필요가 없다.

경기종합지수 변동은 GDP성장률의 변화를 예고한다

GDP성장률은 통계청에서 매분기마다 '전년 동기 대비' 그리고 '전분기 대비' 각각 몇% 증감했는지를 수치로 발표하고 있다. '전분기 대비 증감률'은 '전년 동기 대비 증감률'보다 선행하기 때문에 경기변화를 조기에 읽을 수 있는 장점이 있는 반면 자연재해나 파업 등 경제 외적인 요인들로 인해 불규칙적이라는 단점도 있다.

애널리스트들은 GDP성장률이 2분기(6개월) 연속해서 상승하면 경제가 좋아졌다라고 하고, 2분기 연속해서 하락하면 경제가 나빠졌다고 추정한다. 그리고 3분기 이상 이어지면 경제의 호불황이 추세적으로 이어진다고 예측한다.

미래 증시를 예측해야 하는 주식투자자의 입장에서는 과거의 수치도 필요하지만 미래의 GDP성장률 예측이 무엇보다 중요하다.

공식적인 것은 아니지만 기획재정부, 한국은행, 한국개발연구원과 같은 정부기관이나 민간경제연구소 등에서 GDP성장률을 예측하기도 하고 전망수치를 발표하기도 한다. 앞에서도 말했듯이 IMF 사이트(www.imf.org)를 활용하면 향후 5년 동안의 GDP성장률 전망치를 볼 수도 있다.

알아두세요

IMF 사이트에서 GDP성장률 전망치 보는 방법은 43쪽 참조.

GDP성장률은 60일 이동평균선, 경기종합지수는 20일 이동평균선

GDP성장률을 예측하는 또 하나의 방법은 경기종합지수를 확인해보는 것이다. 경기종합지수란 경제에 영향을 미치는 여러 요소들을 계산하여 지수화한 것으로, 통계청에서 매월 작성하여 발표한다.

잠깐만요 : 경기종합지수를 알려면 어떻게 하나?

KOSIS 국가통계포털(www.kosis.kr) 사이트에 들어가 '국내통계 → 주제별통계 → 경기·기업경영(사업체) → 경기 → 경기종합지수'를 차례로 선택하고 '통계표 보기'를 클릭하면 기간별로 경기종합지수를 확인할 수 있다.

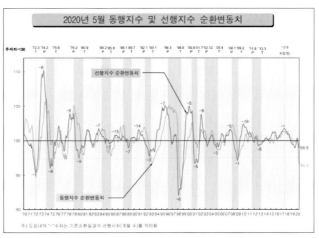

KOSIS 국가통계포털(www.kosis.kr) 사이트에 들어가면 경기종합지수를 한눈에 확인할 수 있다.

경기종합지수는 경기선행지수, 경기동행지수, 경기후행지수로 구성되며, 앞으로의 경기를 판단하게 해주는 일종의 내비게이션과 같다. 특히 경기선행지수는 경기가 오르려 할 때 한발 앞서 상승하는 지표들을 모아 종합한 것이므로 경기 예측에 도움이 된다.

경기종합지수는 매월 발표하기 때문에 해당 분기가 지난 뒤에 발표되는 GDP성장률보다 경기변화를 좀더 일찍 예측할 수 있다는 특징이 있다. 그래프에 비유하자면, GDP성장률이 중장기 이동평균선(예를 들면 60일 이동평균선)이라면 경기종합지수는 단기 이동평균선(예를 들면 20일 이동평균선)인 셈이다. 이동평균선을 보고 미래 주가 추세를 예측할 때 월봉은 주봉의 추세를 보고, 주봉은 일봉을 보고 진로를 예측한다. 이와 마찬가지로 경기종합지수를 보면 GDP성장률의 변화를 일찍 감지할 수가 있다.

이미 데이터로 경기전환 확인이 가능한 상태에서 투자를 결정하면 적절한 투자시기를 놓칠 수도 있다. 따라서 주식투자자라면 정부가

GDP성장률 및 경기종합지수와 증시 대세의 관계

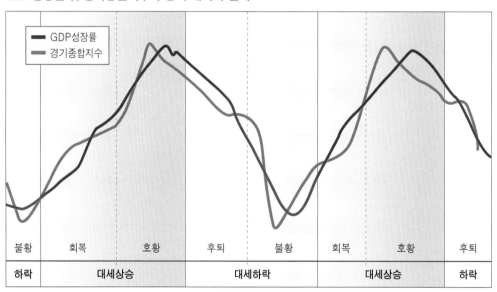

경기종합지수를 보면 GDP를 전망할 수 있어 경기변화를 좀더 일찍 예측할 수 있다.

결론부터 말하면 경기선행지수는 향후 경기를 예측하고, 경기동행지수는 지금의 경기를 확인하고, 경기후행지수는 경기를 검증하는 역할을 한다. 대한상공회의소에 따르면 경기선행지수와 경기후행지수 간의 시차가 12개월→10개월→7개월로 점차 그 간격이 줄어들고 있다고 한다.

경기선행지수는 구인구직비율(고용), 재고순환지표(생산), 소비자기대지수(소비), 기계수주액, 자본재수입액, 건설수주액(이상 투자), 종합주가지수, 금융기관 유동성, 장단기 금리차(이상 금융), 순상품교역조건(무역) 등 10개 항목을 종합해서 전월 대비 증감률로 나타낸다. 전월 대비 증가율이 플러스(+)이면 경기가 좋아지고 있다고 하고, 마이너스(−)이면 경기가 나빠지고 있다고 한다. 경기동행지수에 비해 대략 3개월 앞서 움직이므로 경기 변화를 예측하는 데 많이 활용된다.

경기동행지수는 비농가 취업지수(고용), 광공업생산지수, 제조업가동률지수, 내수출하지수, 서비스업활동지수(이상 생산), 도소매판매지수(소비), 건설기성액(투자), 실질수입액(무역) 등 모두 8개 지표로 구성되어 있으며 경기추세를 확인하는 데 많이 이용된다. 경기를 파악하기 위해서는 경기동행지수 순환변동치를 많이 활용하는데, 경기동행지수 순환변동치란 동행지수에서 경제성장에 따른 자연추세분을 빼고 경기의 순환만을 보는 것이다. 경기동행지수 순환변동치의 기준값을 100으로 하여 100 이상이면 경기가 '호황'이라고 하고, 100 이하이면 경기가 '불황'이라고 본다. 따라서 경기동행지수 순환변동치 값이 2~3개월에 걸쳐 100 이하로 내려가면 향후 GDP성장률이 떨어지겠구나 하고 예측하는 것이 좋다.

경기후행지수는 상용 임시근로자수(고용), 생산자제품재고지수(생산), 가계소비지출(소비), 소비재수입액(투자), 회사채유통수익률(금융) 등 5가지 지표로 구성되어 있으며 경기를 후행적으로 확인해 보는 지표이다.

이 3가지 경기지표를 다음과 같이 흐름으로 파악하면 이해하기가 쉽다.

경기지수 흐름도

구분	경기선행지수(예측)	경기동행지수(확인)	경기후행지수(검증)
투자	① 건설수주액 ② 자본재수입액 ③ 기계수주액	건설기성액 실제 수입액	소비재수입액
재고	재고순환지표	내수출하지수	
소비	소비자기대지수	도소매판매지수	도시가계소비지출
고용	구인구직비율	비농가 취업자수	상용 임시근로자수
금융	① 장단기 금리차 ② 종합주가지수 ③ 금융기관 유동성		회사채 유통수익률

발표하는 매월 경기 동향 및 분기 GDP성장률 동향, 특히 향후 연간 및 분기 GDP성장률 전망에 꾸준히 관심을 기울일 필요가 있다. 대한상공회의소에 따르면 1990년 이후 경기동행지수가 평균 11개월 하락하거나 GDP성장률이 2분기 이상 연속 하락하면 경제가 둔화되었고, 반대로 경기동행지수가 11개월 상승하거나 GDP성장률이 2개월 연속 상승하면 경제가 회복되었다고 한다.

경기종합지수와 코스피지수의 상관계수는 0.7~0.9이다. 상관계수가 1이면 경기와 주가가 동일하게 움직인다는 의미이다. 보통은 경기선행지수의 상관계수가 경기동행지수보다 대체로 높다.

GDP성장률과 일본증시 하락의 상관관계

일본증시는 1990년부터 2012년까지 무려 23년간 장기하락세를 보였다. 장기 하락의 원인은 한마디로 낮은 경제성장률 때문이다. 일본은 1953년부터 1973년까지 20년간 고도성장기를 맞이했다. 그 결과 자동차, 철강, 전자제품을 세계에서 가장 많이 수출하는 나라로 발돋움하였고 미국 다음가는 세계 제2의 경제대국이 되었다. 이러한 기대감으로 1990년에는 10년 후 일본이 세계 제1의 경제대국이 될 것이라는 예언서가 세계적 베스트셀러가 되기도 하였다. 그러나 아이러니하게도 그때부터 일본의 장기불황은 시작되었다.

1991년 이후 약 20년 동안 일본의 GDP성장률은 평균 1.4%에 그쳤다. 1980년대 평균성장률인 4.5%를 단 한 해도 달성하지 못하였고, 특히 1992~99년 동안 연평균 성장률은 1%에도 미치지 못하였다. 선진국으로 갈수록 GDP성장률이 하락하는 경향이 있다는 점을 감안하더라도 일본은 미국이나 유럽에 비해 성장률이 턱없이 저조했다.

지금까지 GDP성장률과 3가지 경기종합지수로 경제가 호황인지 불황인지, 그리고 경제가 회복중인지 침체중인지를 판단하는 방법에 대해서 알아보았다. 이번에는 GDP성장률과 경기종합지수 이외의 방법으로 경기를 예측하는 보조지표에 대해서 알아보자.

경제도 사람이 주체인 이상, 인간의 심리에 따라 호황이 될 수도 있고 불황이 될 수도 있다. 다수 국민이 경제가 좋아질 것이라고 생각하면 실제로 경제가 좋아지는 경우가 있다. 반대로 다수가 경제 전망을 어둡게 보면 괜찮은 경제도 나빠질 수가 있는 것이다. 그래서 인간의 심리를 조사하고 통계를 내서 미래 경제를 전망하기도 하는데 그 대표적인 것으로 소비자동향지수와 기업경기실사지수가 있다.

1) 소비자동향지수(CSI, Consumer Sentiment Index)

일반 소비자를 대상으로 분기마다 '앞으로 생활형편이 좋아질 것 같습니까? 아니면 나빠질 것 같습니까?'라는 질문을 하며 설문조사를 진행한다. 그에 대한 답변을 지수화하여 '좋아질 것 같다'는 지수가 100 이상이면 경기가 좋다고 보고, '나빠질 것 같다'는 지수가 100 이상이면 경기가 나쁘다고 판단하는 것이다.

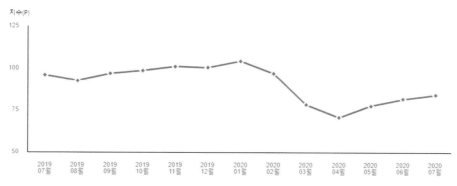

자료: 2019. 7~2020. 7 소비자동향지수(e-나라지표, 한국은행 소비자동향 조사)

2) 기업경기실사지수(BSI, Business Survey Index)

일반인이 아닌 기업을 하는 사람들에게 '기업경기가 어떨 것 같습니까?'라고 설문을 진행한다. 전기에 비해 경제가 호전되었다고 답한 업체수의 비율과 악화되었다고 답한 업체수의 비율을 계산하여 지수를 산출한다. 일반적으로 지수가 100 이상이면 경기 호전, 100 이하면 경기 악화로 판단한다.

기업경기실사지수(한국은행 경제통계시스템 ecos.bok.or.kr)

3) 발틱운임지수(BDI, Baltic exchange Dry Index)

해운업계의 경기를 나타내주는 지표로 흔히 'BDI지수'라고 한다. 세계물동량과 교역량은 세계경기의 호황과 불황을 예측하는 데 유용하게 이용된다. 따라서 BDI지수는 세계경기에 선행하는 지표로 세계경기를 예측할 때 이용되기도 하고 주가 예측에도 활용된다. BDI지수를 확인해 보려면 코리아쉬핑가제트 사이트(www.ksg.co.kr)에 들어가서 '해운지수→BDI' 클릭하면 볼 수 있다.

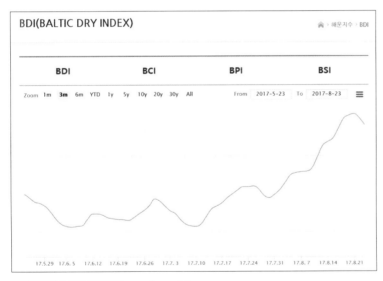

발틱운임지수(코리아쉬핑가제트 www.ksg.co.kr)

연도	GDP성장률	소비자물가상승률	연도	GDP성장률	소비자물가상승률
1990	5.20	3.07	2006	2.04	0.30
1991	3.35	3.40	2007	2.36	0.00
1993	0.25	1.31	2008	-1.19	1.40
1995	1.88	-0.10	2009	-5.97	-1.38
1997	1.56	1.88	2010	3.96	0.72
1999	-0.14	-0.29	2011	-0.46	-0.37
2001	0.19	0.19	2012	2.30	-0.48
2002	0.26	-0.89	2013	2.05	0.04
2003	1.41	-0.30	2014	2.00	0.34
2004	2.74	0.00	2015	1.20	0.63
2005	1.93	-0.30	2016	1.00	0.84

일본의 GDP성장률과 소비자물가상승률 · 단위 : %

자료: IMF, 소수점 둘째 이하 절상. 2015~2016년은 예상치임.

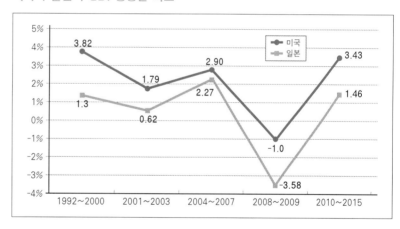

미국과 일본의 GDP성장률 비교

그래서 일본사람들은 1991년 이후 약 20년간을 '잃어버린 20년'이라고 표현한다. 하지만 2012년 일본 아베총리의 경제 정책을 일컫는 아베노믹스가 성공하며 일본 경제는 눈에 띄는 변화를 보이기도 했다. 아베총리는 일본의 증시 강세와 엔화 약세를 목적으로 대규모 양적완화 정책을 시행하였고, 그 결과 2010년 1만엔 선을 멤돌던 니케이225 지수는 2015년 들어 1만 8,000엔 선으로 훌쩍 뛰어넘었다. 2017년 1분기 경제성장률도 2.2%로 이룩하면서 아베노믹스에 따른 일본의 경제 회복은 지속되고 있는 상황이다.

장기 하락 추세를 보이다 상승세에 접어든 일본 니케이225 지수

자료: 일본 니케이225 그래프(2001~2020. 8)

일본의 GDP성장률은 왜 그토록 저조했을까?

첫째, 1990년부터 본격적인 저출산, 고령화 사회 진입으로 잠재성장률이 하락하였다.

둘째, 세계 제조업 중심이 한국, 중국, 동남아 등 이머징국가로 옮겨갔다. 제조업 기술의 갭은 줄어드는 데 반해 인건비 등이 올라 생산원가가 비싸진 탓에 공장을 해외로 대거 이전해 간 것이다.

셋째, 일본은 오랫동안 종신고용제를 유지해 왔다. 그 때문에 1990년 무렵 부동산과 증권시장 버블로 초래된 불황이 닥쳤을 때 과감한 구조조정을 하지 못하였다.

넷째, 플라자합의 이후 지속된 엔화 강세가 장기불황의 원인이 되었다. 또한 글로벌 금융위기가 발생할 때마다 엔화는 안전자산으로 분류되어 미국 달러와 함께 값이 올랐다. 최근의 엔화 강세는 미국과 유럽의 경제성장이 저조한 데 따른 반사적 효과가 크다.

일본은 불황을 타개하기 위해서 재정투자를 확대하고, 금리를 0%대로 내리고, 시중에 돈을 풀었다. 하지만 기업의 투자는 늘지 않았고 전망을 밝게 보지 않은 국민들이 더욱 소비를 줄이는 유동성 함정에 빠졌다. 그 결과 일본은 전형적인 디플레이션 경제에 처하게 되었다.

한국의 GDP성장률 전망하려면 미국과 중국의 성장률을 보라

증시 대세가 GDP성장률에 좌우됨은 미국의 다우지수로도 확인할 수가 있다.

미국의 증시 대세와 GDP성장률		단위 : %
시기	구분	기간평균 GDP성장률
1992~2000년	대세상승기	3.82
2001~2003년	대세하락기	1.79
2004~2007년	대세상승기	2.90
2008~2009년	대세하락기	-1.00
2010~2019년	대세상승기	2.30

미국과 중국은 세계경제를 이끌고 있는 양대 축이다. 미국은 선진국 경제를 대표하고, 중국은 이머징국가를 대표한다. EU, 일본도

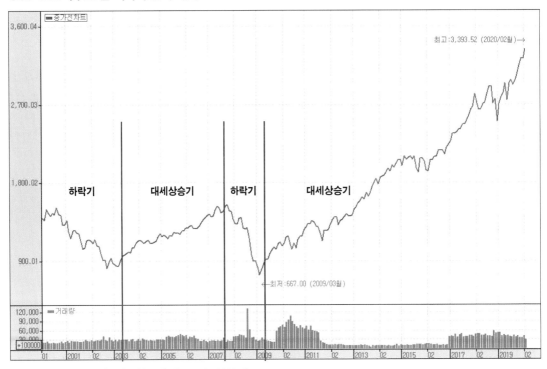

자료 : Bigcharts.com, 미국 다우지수 그래프(2000. 1~2020. 2)

세계경제의 한 축을 담당하고 있지만 우리나라 수출에 있어서는 G2 국가인 미국과 중국의 비중이 절대적이다. 그러다 보니 수출주도형 산업구조를 가지고 있는 한국경제는 미국과 중국의 경제상황에 직접적으로 영향을 받는다. 특히 우리나라의 대중(對中) 수출비중은 26%로 전체 교역상대국 중 가장 높고, 수출과 수입을 모두 포함한 교역규모로도 중국의 비중은 27%에 이른다.(2019년 기준) 대외경제정책연구원(KIEP)에 따르면 중국의 GDP가 1% 상승하느냐 하락하느냐에 따라 한국의 GDP도 0.2~0.3% 증감한다고 분석하였다.

따라서 한국의 경제성장률을 전망하려면 미국과 중국 두 나라의 경제전망을 살펴보는 것이 필수적이다.

GDP성장률로 증시 대세판단하기

다음 중 증시 상승요인과 하락요인을 골라보세요. (복수 선택 가능)

ⓐ GDP성장률이 2분기 이상 점점 높아지고 있다.

ⓑ GDP성장률이 3분기 연속 하락하고 있다.

ⓒ 잠재성장률이 4%인데 연간 GDP성장률이 6%로 예상된다고 한다.

ⓓ 잠재성장률이 4%인데 연간 GDP성장률이 1.5%로 예상된다고 한다.

ⓔ 경기선행지수가 8개월 연속 상승하고 있다.

ⓕ 경기동행지수 순환변동치가 9개월 연속 하락하더니 100 이하로 떨어졌다.

ⓖ GDP갭이 갈수록 +값이 커진다.

ⓗ GDP갭이 갈수록 -값이 커진다.

 해설

GDP갭이란 GDP성장률과 GDP잠재성장률의 차이를 말한다. GDP갭의 값이 +로 크면 클수록 증시는 대세상승하고 -값이 크면 클수록 증시 대세는 하락한다. 단 물가상승률이 높지 않아야 한다. 또 GDP성장률이 2분기 이상 상승하면 경제가 상승으로 돌아섰다고 예측하고, 2분기 이상 하락하면 경제가 나빠지기 시작했다고 한다. 경기선행지수는 6~9개월 이상 연속될 때 경기가 바뀌었다고 전망한다. 정답은 상승요인 ⓐ, ⓒ, ⓔ, ⓖ   하락요인 ⓑ, ⓓ, ⓕ, ⓗ

일러두기

〈무작정 따라하기〉에 실은 예제들은 독자의 이해를 돕기 위한 것일 뿐 실제 주식시장은 다양한 변수와 예외상황이 복합적으로 작용하는 까닭에 수학공식처럼 정확하게 맞아떨어지지 않는 부분이 있을 수 있다는 것을 알아두기 바란다.

다음은 GDP성장률과 증시 대세의 관계를 설명한 것이다. 가장 적절하지 못한 설명을 고르시오.

ⓐ GDP성장률이 잠재성장률보다 높으면 높을수록 증시는 상승국면일 가능성이 높다.

ⓑ GDP성장률이 잠재성장률보다 낮으면 낮을수록 증시는 하락국면일 가능성이 높다.

ⓒ 잠재성장률이 1.5%인 A국가의 GDP성장률을 3.5%로 예상하고 있다. GDP성장률로 보아 A국가의 증시는 하락이 예상된다.

ⓓ 잠재성장률이 7%인 B국가의 GDP성장률이 5%로 예상된다. GDP성장률로 볼 때 B국가의 증시는 약세를 보일 가능성이 높다.

해설

대체로 GDP성장률이 잠재성장률보다 높을수록 증시는 상승요인이고, 잠재성장률보다 낮을수록 증시는 하락요인이다. 정답은 ⓒ

대세 결정 요인 2
물가

물가가 하락했다, 주가가 오를까? 내릴까?

2010년 8월 미국에서는 인플레이션(Inflation, 화폐가치 하락, 물가 상승)
이냐 디플레이션(Deflation, 화폐가치 상승, 물가 하락)이냐를 두고 논쟁
이 벌어지고 있었다. 글로벌 금융위기 이후 회복하던 경제성장률이
점차 둔화되고 있는 가운데 물가가 전년 대비 1.2% 하락하였고 디
플레이션 우려가 높았기 때문이다.

디플레이션을 주장하는 경제학자들은 "물가 하락은 향후에도 지속
될 것이다. 따라서 디플레이션에 대비해서 위험자산인 주식을 줄이
고 예금이나 채권 같은 안전자산으로 옮겨가는 것이 좋다"라고 주
장하였다. 돈이 많이 풀려 있지만 경제가 좋지 않아 돈이 돌지 않는
다는 것이 그 이유였다.

반면에 인플레이션을 주장하는 경제학자들은 "물가 하락은 일시적
인 현상일 뿐이다. 저금리이고 시중에 돈이 너무 많이 풀려 있으므
로 물가가 올라갈 수밖에 없다. 인플레이션에서는 물가뿐만 아니라
주가도 올라가므로 주식 비중을 확대하는 것이 좋다"라고 주장하
였다.

어느 쪽 예측이 맞든 인플레이션에서는 주가가 올라가고, 디플레이

션에서는 주가가 하락한다는 데에는 서로간에 이견이 없다. 주식시장과 관련해서 인플레이션은 적이 아니라 아군인 셈이다.

인플레이션 상황, 주가 상승의 2가지 조건

인플레이션이라고 무조건 증시가 상승하는 것은 아니다. 인플레이션이 증시 상승에 우군이 되려면 최소한 다음 두 가지가 충족되어야 한다.

첫째, GDP성장률이 높아야 한다.

경제성장률이 저조한데 물가만 올라가는 경우를 스태그플레이션(Stagflation)이라 한다. 스태그플레이션이라는 말은 경기침체(Stagnation)와 물가 상승(Inflation)의 합성어이다. 경제성장률이 저조한데 물가가 오르면 경제는 전형적인 불황을 겪게 되고 국민들의 고통은 심해진다. 증권시장도 대세하락을 면하기 어렵다.

우리나라는 1980년 세계 제2차 석유파동이 일어났을 때, 1997~98년 IMF 금융위기를 맞았을 때가 가장 대표적인 스태그플레이션 상태였고 당시 증시도 폭락하였다.

둘째, 물가상승률이 GDP성장률과 금리보다 낮아야 한다.

물가상승률이 GDP성장률이나 금리보다 높다면 실물자산에 투자하는 것이 사업을 하거나 은행에 저축을 하는 것보다 유리할 것이다. 극심한 인플레이션은 국가경제를 혼란하게 만들고 도탄에 빠트린다. 그래서 세계역사상 초인플레이션은 주로 전쟁 때 많이 발생하였다.

2차대전 때(1943~44년) 그리스는 한 달 동안 물가상승률이 무려 4.19×10^{18}에 이르러 물가상승률 세계기록을 보유하고 있다. 아프

리카 짐바브웨에서는 물건값을 물어보고 집에 가서 돈을 가져오는 동안 물가가 올라 물건을 사지 못했다는 이야기도 있다. 2015년 베네수엘라에서는 물가가 800% 이상 급등하자 정부가 물가상승률 공식 발표를 포기한 일도 있었다.

우리나라도 6·25 동란 때(1950~52년) 연간 물가상승률이 220~310%에 이른 경험이 있다. 당시에 지가증권과 건국국채 같은 국채 가격은 액면가의 10분의 1로 떨어졌다. 1년에 물가가 2~3배 뛰는데 연 5% 이자를 지급하는 장기국채를 보유할 사람이 없었기 때문이다.

인플레이션이 심해지면 실물투기가 만연하게 되고 근로의욕을 상실하게 만든다. 따라서 한국은행은 물가안정을 최우선 목표로 하고 통화량을 관리한다. 2000년 이후 한국은행은 물가안정 목표의 중심을 2%에 두고 적정 물가상승률을 2.5~3.5% 사이로 잡고 있다.

그렇다면 정부는 왜 물가상승 목표를 0으로 잡지 않을까?
소득 증가로 소비가 늘어나고, 소비 증가로 물가가 상승하는 것은 자연스러운 경제현상이기 때문이다.

- GDP성장률이 높을 때 적당한 인플레이션(물가 상승) → 증시 상승
- GDP성장률이 높더라도 물가가 지나치게 높을 때 → 대세하락 전환 예상
- GDP성장률이 낮은데 물가가 상승하는 경우(스태그플레이션) → 증시 대세하락

디플레이션이면 증시는 상승하지 못한다

이번에는 디플레이션, 즉 물가가 떨어지는 경우를 생각해 보자. 우리나라 사람들은 물가가 오르는 것만 보았지 떨어지는 경우를 본

알아두세요

지가증권
1949년 이승만정부가 농지개혁법을 실시하면서 소작인에게는 농지를 주고 지주들에게는 농지값을 보상해 주기 위해 발행한 최초의 정부 발행 공채(국채)다.

건국국채
1948년 대한민국 정부가 수립되었지만 국가를 경영할 자금이 부족하였기 때문에 재정적자를 메우기 위해 발행된 국채다. 그후로는 6·25전쟁 때 전비를 조달하기 위해 '애국국채'라는 이름으로 대량 발행되었다.

경험이 없기 때문에 물가가 떨어진다는 것을 생각하기 어려울 것이다. 집 없는 사람들은 집값이 떨어지면 내집마련이 쉬워진다. 교통요금, 통신요금, 등록금, 옷값, 부식비가 떨어진다면 생각만 해도 기분이 좋다. 서민들의 입장에서 보면 물가 하락은 실질소득이 증가한 것과 동일한 효과가 있기 때문이다.

그러나 자산을 소유한 사람과 주식을 보유하고 있는 투자자들에게는 물가 하락이 결코 달갑지 않다. 주가도 동반 하락하기 때문이다. 물가가 하락하는 이유를 생각해 보자. 물가 하락은 경제성장률이 마이너스이거나 저조할 때 주로 발생한다. 경제성장률이 높을 때는 투자, 소득, 소비 모두가 올라가는데 이럴 경우 물가가 오르면 올랐지 떨어질 이유가 없다.

주식 또한 자산의 일종이므로 디플레이션 상황에서는 하락할 수밖에 없다.

일본의 사례를 보자. 일본은 1992년부터 2010년까지 19년간 물가가 크게 오르지 않아 물가상승률이 제로(0)였다. 19년 동안 그 절반에 해당하는 10년은 전년도에 비해 오히려 물가가 떨어졌다. 그 결과로 1990년 4만엔 근처이던 일본 니케이225 지수는 장기적으로 하락을 거듭하였고 2010년에는 고점 대비 4분의 1밖에 되지 않는 1만엔 선에 머물렀다.

따라서 무조건 장기투자가 유리하다고 주장하는 사람들은 일본 증시를 참고해 볼 필요가 있다. 물론 일본증시의 하락요인은 물가만의 문제는 아니었다. 일본경제는 물가보다 더 중요한 문제, 즉 GDP성장률이 저조하다는 문제가 있었음을 간과해서는 안 됐다.

물가지수에는 소비자물가지수 이외에도 생산자물가지수와 수출입물가지수 등이 있다.

생산자물가지수는 기업간 물건을 거래할 때 형성되는 공장도 가격의 변동을 측정하는 지수로 흔히 '도매물가지수'라고도 한다. 생산자물가지수가 오르면 머지않아 소비자물가지수도 상승한다.

수출입물가지수는 수출품목과 수입품목의 가격변동을 지수로 나타낸 것이며 환율 등락에 크게 영향을 받는다. 수출물가지수에는 우리나라 수출의 주종을 이루는 반도체, LCD, 휴대폰 등 전자제품과 철강, 조선, 화학 등의 제품 가격 변동이 크게 영향을 미친다. 수입물가지수는 100% 가까이 수입에 의존하는 국제유가가 단연 1위로 영향을 미친다. 국제유가는 태양에너지, 풍력에너지 등의 대체에너지가 활발하게 개발되고 있어 갈수록 그 영향력이 줄어들고 있지만 그래도 상당한 기간 수입물가지수에 영향을 미칠 것이다. 국제유가가 배럴당 100달러를 넘어서면 경제와 주가에 미치는 파급효과가 적지 않다. 유가 다음으로는 각종 원자재 가격이 영향을 미친다.

소비자물가지수는 일반국민들의 가정 살림살이를 파악하기 위해 만들어진 지수다. 평균적인 소비자들의 생활과 관련이 많은 품목, 예를 들면 식료품, 의류, TV나 냉장고 같은 가전제품, 자동차 등의 가격변동을 나타낸다.

물가지수 가운데 생산자물가지수는 공장도 가격이므로 기업의 살림살이를 알아보는 데 유용하고, 수출입물가지수는 향후 생산자물가지수나 소비자물가지수에 얼마나 영향을 미칠까를 알아보는 데 유용하다.

우리가 흔히 물가라고 하는 것은 소비자물가지수를 말한다. 일반국민들이 하루하루를 살아가면서 피부로 느끼는 물가가 곧 소비자물가이고, 이를 지수화한 것이 소비자물가지수이기 때문이다.

소비자물가지수, 생산자물가지수, 수출입물가지수 모두 2005년 100을 기준으로 하여 매월 통계청이 발표한다.

참고로 주식투자를 할 때는 물가지수의 절대치를 보는 것보다 지수의 등락률을 추세로 파악하는 것이 도움이 된다.

잠깐만요 : **물가지수는 어떻게 찾아보나?**

1) 통계청 자료로 확인하는 방법

국가통계포털(www.kosis.kr) 사이트에서 '국내통계 → 주제별통계 → 물가·가계 → 물가 → 소비자물가조사, 생산자물가조사, 수출입물가조사 → 연도별, 월별 물가등락률'을 선택한다.

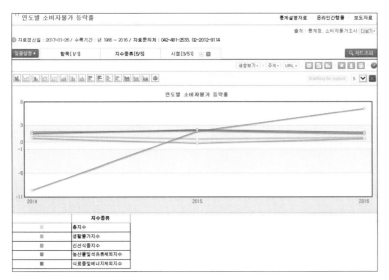

월별 소비자물가 등락률(2014~2017)

2) IMF 자료로 확인하는 방법

IMF 사이트(www.imf.org) 상단 메뉴바에서 'DATA → World Economic Outlook Database → 원하는 연도 선택 → 윗부분 두번째 박스 속에서 By Countries'를 클릭한다. 특정 국가만 알아보려면 'Clear All'을 클릭한 후 원하는 국가만 체크한 후 'Continue'를 클릭한다. 이후 등장하는 화면에서 'Monetary→Inflation, average consumer prices(percent change)'를 클릭하면 소비자물가 상승률을 확인할 수 있다.

5. Report for Selected Countries and Subjects

You will find notes on the data and options to download the table below your results.

Shaded cells indicate IMF staff estimates

Country	Subject Descriptor	Units	Scale	Country/Series-specific Notes	2015	2016	2017	2018	2019	2020	2021	2022
Korea	Inflation, average consumer prices	Percent change			0.706	0.972	1.802	1.925	1.900	1.900	2.000	2.000

한국의 소비자물가 상승률 전망(2015~2022년)

물가상승률로 증시 대세판단하기

문제
01

다음은 증시 상승요인과 하락요인을 설명한 것이다. 틀린 것을 고르시오.

ⓐ 물가상승률이 GDP성장률보다 높기 때문에 증시가 곧 하락할 것이다.

ⓑ 물가가 하락하는 디플레이션 상황에서는 주가가 상승한다.

ⓒ 스태그플레이션 상황에서는 증시가 오르지 못한다.

ⓓ 적당한 인플레이션은 증시 상승에 도움이 된다.

해설

GDP성장률은 낮은데 물가가 올라가는 경우를 스태그플레이션이라 하고, 이때는 주가가 오르지 못한다. 물가가 떨어지는 디플레이션에서도 주가는 상승하지 못한다. 정답은 ⓑ

문제
02

다음은 물가와 증시의 관계를 설명한 것이다. 가장 부적절한 것을 고르시오.

ⓐ 경제성장률이 높은데 물가가 안정되어 있다면 증시는 상승요인이다.

ⓑ 베트남은 2010년 GDP성장률이 6%로 높았지만 물가상승률이 12%에 달해서 아시아 이머징국가 증시가 상승할 동안에도 베트남 증시는 상승대열에 동참하지 못하였다.

ⓒ GDP성장률이 마이너스인 국가에서 물가상승률이 높다면 증시는 하락으로 전망해야한다.

ⓓ GDP성장률이 큰 폭의 하락으로 전망되지만 물가상승률이 높지 않으므로 증시 대세는 상승으로 이어진다고 예상하여야 한다.

해설

증시는 대체로 GDP성장률이 높으면서 물가상승률이 낮을 때 대세상승을 보인다. 정답은 ⓓ

대세 결정 요인 3
금리

금리와 주가는 반대로 움직인다

금리와 주가는 반대로 움직인다. 즉 저금리일 때는 주가가 강세를 보이고, 고금리일 때는 주가가 약세를 보인다.

기업의 입장에서 보면, 금리가 떨어지면 금융비용이 줄어들어 수익성이 좋아지고 재무구조도 개선된다. 따라서 기업의 가치가 올라가고 주가도 상승한다. 반면에 금리가 높아지면 이자부담이 증가하기 때문에 투자를 줄이게 되고 수익도 감소하여 주가 하락의 원인이 된다.

일반투자자의 입장에서 보면, 예금금리가 낮으면 은행이자로 만족할 수 없는 자금들이 다소간의 위험을 부담하더라도 높은 수익률을 찾아 증권시장으로 옮겨가게 된다. 그 결과 시중 부동자금이 증시로 대거 이동해 기업의 가치와 상관없이 돈의 힘으로 주가가 상승하는 이른바 유동성 장세가 나타나기도 한다. 따라서 고금리 수준이냐 저금리 수준이냐는 증권시장이 강세장이냐 약세장이냐를 예측하는 데 매우 중요한 잣대가 된다.

할인채

할인채(Zero-coupon bond)는 액면금액에서 상환일까지의 이자를 공제한 후 파는 채권이다. 다시 말해 이자가 없는 대신 이자액만큼을 액면가에서 제하고 액면가 이하로 파는 채권을 말한다. 1년만기 은행채가 대표적이다.

금리 추세도 대세판단 기준이 된다

금리가 상승추세이면 주식과 대체관계에 있는 채권 가격이 하락(채권 중에 할인채 비중이 제일 높다. 할인채의 경우 가격이 하락하면 수익률이 높아진다)하게 되고, 채권에 투자된 자금이 주식으로 이동하게 되어 주가 상승의 원인이 된다.

반대로 금리가 하락추세에 있다면 채권 가격이 상승한다(할인채의 경우 가격이 상승하면 수익률이 낮아진다)는 뜻이므로 주식자금이 채권으로 이동하게 되어 주가 하락의 원인이 된다.

- 고금리 → 증시 대세에 악재
- 저금리 → 증시 대세에 호재

금리 수준과 금리 추세는 증시 대세에 미치는 영향이 상반된다는 점이 흥미롭다.

우리나라 예금금리는 1960년대 평균 25.6%에서 1970년대 17%, 1980년대 12%, 1990년대 9.5%, 2000년대 4.5%, 2010년대 1% 추세적으로 낮아지고 있다. 실세금리인 회사채 금리도 1981년까지는 연 20~30% 이상의 고금리를 유지하였으나 1982~98년 사이에 12~17% 수준으로 떨어졌으며, 2003년 이후 7% 이하로 내려가기 시작해 2004년에는 4%까지 하락하였고 2009년에 8%까지 대폭 상승하였으나 다시 하락세를 이어가며 2015년에는 역대 최고 수준인 1%대로 하락하였다.

최근의 금리를 보면 증시 고점인 2007년 11월에는 5~7%대를 유지하였으나 2008년 글로벌 금융위기를 맞으면서 2009년 초에 2%, 2016년 6월에는 역사상 가장 낮은 1.25%로 낮아졌다. 미국은 2008년 금융위기 때 0~0.25%로 내렸던 기준금리를 2015년 말부터 올리기 시작하여 2018년 10월에는 2~2.25%가 되었고, 2020년까지 3.5% 수준의 상승이 예상된다. 미국이 금리를 추가로 올리면 한국도 시차를 두고 기준금리를 올릴 것으로 보인다.

한국과 미국의 기준금리 변동 추이

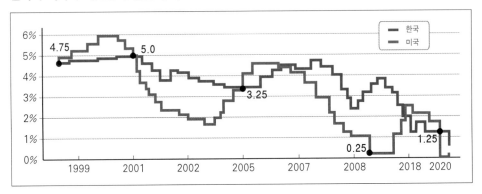

금리의 높고 낮음을 판단하는 기준은 무엇인가?

금리 수준이 증시 대세 결정에 매우 중요하다고 하였는데, 그러면 금리가 높다 낮다를 판단하는 기준은 무엇일까? 흔히 과거와 비교해서, 또는 다른 나라와 비교해서 높낮이를 판단하는 경향이 있는데 단순히 수치만으로 판단할 수 없는 요인이 있다. 금리는 다른 무엇보다 각 나라의 경제상황에 따라 결정되기 때문이다.

중앙은행이 금리 수준을 결정할 때는 GDP성장률과 물가를 감안하여 결정한다. GDP성장률을 높이려면 낮은 금리로 가야 하고, 물가를 안정시키려면 금리를 높여야 한다. 그래서 정책금리를 결정할 때는 대체로 GDP성장률보다 낮게, 물가상승률보다는 높게 책정하는 것이 정상이다.

시중금리가 5%라면 높은가 낮은가?

GDP성장률과 물가에 비교해서 판단해 보자. GDP성장률이 잠재

금리는 한국은행이나 통계청 자료로도 체크해 볼 수 있으나 가장 손쉬운 방법은 증권회사 HTS로 확인해 보는 것이다. 여기에서는 KDB대우증권 HTS로 금리를 확인해 보는 방법을 소개한다.

1. HTS 화면 상단의 메뉴에서 '투자정보' 창을 클릭하고 '해외증시' 그리고 '주요환율/금리'를 클릭한다.
2. '국내금리' 혹은 '국외금리' 탭을 클릭하면 다음과 같이 여러 종류의 금리를 볼 수가 있다.

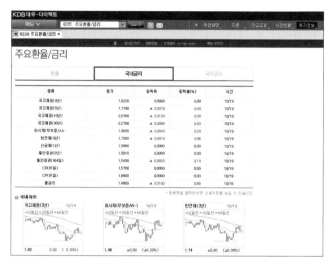

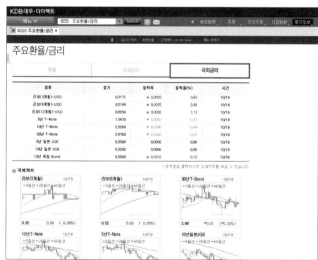

증시 대세판단에는 지금까지의 금리 추세보다 향후 전망이 더욱 중요한데, 금리 전망은 경제신문을 통해 전문가의 의견을 참고하고 자기 나름으로 예측하는 것 외에 뾰족한 방법이 없다.

성장률(4%라고 가정)보다 높은 7%이고 물가상승률이 4%라면 금리 5%는 결코 높다고 할 수 없다. GDP성장률과 물가상승률 모두 높기 때문이다.

그러나 같은 금리 5%라도 GDP성장률이 잠재성장률(4%)보다 낮은 1~2% 수준이고 물가도 2~3%로 안정되어 있다면 금리 5% 수준은 높다고 할 수 있다. GDP성장률과 물가상승률이 낮은 것에 비해 금리가 높기 때문이다.

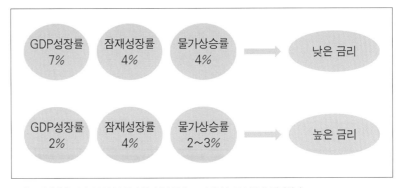

금리는 절대치가 아닌 GDP상승률과 물가상승률을 고려해서 높고 낮음을 판단한다.

금리는 물가상승률보다 낮아서는 안 된다. 금리가 물가상승률보다 낮으면 은행에서 대출을 받아 자산(주식 포함)에 투자하게 될 것이고, 결국에는 자산 버블(주가 버블)이 발생하게 된다. 이럴 경우 정부는 금리를 올리게 되고, 금리 상승으로 자산 버블이 꺼지는 과정에서 주가는 폭락하게 된다.

정부의 경제정책은 금리로부터 시작된다

정부의 경제정책 목표는 GDP성장률을 잠재성장률 수준 또는 그 이상으로 높이는 것이다. 단, 여기에는 단서가 붙어 있다. 바로 물가상승률이 높지 않아야 한다는 것이다. 경제가 불황에 빠지면 정부는 우리가 흔히 쓰는 '금리'라는 용어는 이자율, 수익률, 할인율, 시중금리, 정책금리, 장기금리, 단기금리 등 매우 다양하다. 금리라는 용어가 이렇게 다양한 이유는 자금거래의 주체, 투자방법, 투자기간, 사용목적 등이 다를 경우 어느 각도에서 보느냐에 따라 표현을 달리하기 때문이다. 그러나 표현만 다를 뿐 넓은 의미의 '금리'라는 뜻에서는 같다고 볼 수 있다.

1) 이자율

이자율은 돈을 빌려주거나 빌려쓸 때 발생하는 일종의 사용료를 말한다. 이자율은 금융기관에서 대출을 할 때 발생하는 대출이자율과 예금자가 예금을 맡겼을 때 받는 예금이자율로 나뉘며, 대출이자율이 예금이자율보다 높아 그 차이만큼 금융기관이 수익으로 챙긴다(이를 흔히 '예대마진율'이라 하며 금융기관의 수익성을 알아볼 때 참고로 한다). 금융기관을 통하지 않고 이루어지는 개인간의 금융거래 때도 이자라는 말을 쓴다. 이자율은 사전에 정해 두는 경우가 대부분이나 'CD금리에 연동한다'와 같이 특정 금리에 연동시켜 결정하는 경우도 있다.

2) 수익률

주식, 부동산, 채권, 원자재 등에 투자할 경우 기대되는 이익률을 말한다. 투자대상의 가격이 수시로 변하기 때문에 원금보장이 되지 않는 위험이 따른다. 위험이 따른 만큼 기대수익률도 높은 것이 특징이다. 수익이 불확정적이라는 점에서 사전에 정해져 있는 이자율과 다르며 주로 자금을 공급하는 사람들이 사용한다. 광의의 금리라는 의미에서는 동일하다.

3) 할인율

돈의 사용료, 즉 이자는 보통 정해진 기간이 지난 후에 지급한다. 그러나 이자를 사전에 공제하고 자금을 빌려주기도 한다. 흔히 선이자라고 말하는 것이 이 경우이다.

채권의 주종을 이루고 있는 '할인채'의 경우를 예로 들어보자. 연 10% 이자율로 1억원을 빌려준다고 할 경우 1년 후 이자 1천만원을 포함한 1억 1천만원을 상환받게 된다. 그런데 사전에 이자를 받는 할인채의 경우는 1년 이자 1천만원을 사전에 공제하고 그 나머지 금액인 9천만원을 빌려주고 1년 후 1억원을 받는 형식이다.

4) 시중금리와 정책금리

정책금리란 정부가 금리를 조절할 때 제시하는 기준금리를 말한다. 매월 두번째 목요일 금융통화위원회는 정례회의를 개최하고 기준금리를 확정 발표하고 있다. 정부가 기준금리를 발표해도 시중은행과 국민들이 따라주지 않으면 아무 효력이 없게 된다. 따라서 한국은행은 일반은행을 대상으로 일주일에 한번 환매조건부채권(RP, Repurchase Agreements : 일정 기간 후 확정금리를 보태어 되사는 조건으로 발행되는 채권)을 매매해서 기준금리를 유지한다. 이에 반해 시중금리는 통상적으로 우량기업의 3년만기 회사채 금리를 기준으로 한다. 우량회사채 금리는 예금이자율이나 국공채 수익률보다는 높지만, 일반회사채 수익률보다는 낮기 때문에 중간 금리라고 할 수 있다.

5) 장기금리, 중기금리, 단기금리, 콜금리

자금의 이용기간에 따른 구분이다. 3년 이상은 장기, 1~3년은 중기, 1년 미만은 단기로 구분한다. 콜(Call)금리는 하루만 이용하는 자금의 금리로 금융기관 사이에서만 적용된다. 금리 수준은 자금의 이용기간이 길면 길수록 높다.

경기를 부양하기 위해 다음과 같은 다양한 정책수단을 이용한다.

- 재정정책 → 대규모 공공사업을 전개한다.
- 유동성 조절 → 시중에 돈을 푸는 양적 완화정책을 시행한다.
- 조세정책 → 법인세, 소득세 등 각종 세율을 낮춘다.
- 환율정책 → 환율을 높여 수출에 도움을 준다.
- 금리정책 → 금리를 인하한다.

이상의 정책 중에서 가장 영향력 있고 자주 활용하는 수단이 금리정책이다. 정부의 경제정책은 금리로부터 시작된다고 해도 과언이 아닐 정도다.

2004~2007년 세계경제가 회복되어 호황으로 이어졌다. 증시도 상승세를 지속했다. 그러자 각국은 경기과열을 염려하여 금리를 인상하였다. 미국과 한국 등은 3%대에 있던 금리를 5%대로 올렸다. 물가 상승과 주식시장 버블을 염려해서였다.

반대로 2008년에는 미국의 서브프라임 모기지 부실이 원인이 되어 월가의 투자은행들이 부실화되어 결국 글로벌 금융위기로 확대되었다. 세계 각국의 경제가 불황에 빠지고 주가도 하락으로 전환되었다. 당시 각국은 경제를 살리기 위해 제일 먼저 금리를 공격적으로 인하했다. 일본과 미국은 제로에 가까운 수준으로 금리를 내렸고 한국도 그 당시 기준금리를 2%까지 내렸다. '최저 금리 수준'이라는 점에서는 다른 나라들도 예외가 아니었다.

초저금리로 세계경제는 다시 회복기로 접어들 수 있었고 폭락하던 증권시장 대세도 상승으로 전환되었다.

금리를 내릴 때는 매도, 올릴 때는 매수가 유리!

정부가 금리를 내릴 때는 증권시장 대세는 하락세일 경우가 많고, 올릴 때는 상승세일 경우가 많다. 경기가 침체될 가능성이 높거나 이미 침체되었을 때, 경기를 부양하기 위해 정부는 금리를 내린다. 이때는 경기하강 추세와 함께 주식시장도 대세하락을 보일 때이다. 반면에 경제가 좋아 경기과열 우려가 있거나, 경기과열로 물가상승률이 높을 때, 정부는 금리를 올린다. 이때는 주식시장이 대세상승을 보일 때인 것이다. 따라서 정부가 금리를 내린다고 할 때 무조건 '금리하락=증시호재'로 간주해서는 안된다.

그럼에도 대세상승이 지속될 때에는 정부가 금리를 한두 차례 내려도 오랫동안 주가 상승에 익숙해진 투자자들은 상황변화에 빠르게 적응하지 못하고 너무 낙관한다.

'주가가 조금 떨어지더라도 걱정할 것 없어. 시간이 지나면 다시 상승세를 탈 거야. 지난번에도 그랬으니까.'

대다수 투자자들은 이처럼 생각하고 조만간 닥쳐올 폭락을 예상조차 하려 들지 않는다.

반대로 정부가 금리를 올릴 때는 증시 대세가 상승할 때이므로 주식을 매수하는 것이 유리하다. 그럼에도 오랫동안 약세시장에 길들여진 투자자들은 정부가 경제회복을 확신하고 금리를 올리기 시작해도 좀처럼 투자에 적극성을 보이지 않는다. 얼어붙은 투자심리가 녹는 데는 한동안 시간이 걸린다.

'주가가 이렇게 올라도 되는 거야? 이러다가 지난번처럼 또 떨어질 텐데…… 신중해야 돼.'

이렇게 생각하고 주식을 싼값에 살 수 있는 절호의 기회를 놓치게 되는 것이다.

- 금리를 낮추고 있다 → 대세가 하락중이거나 하락으로 전환되고 있다.
- 금리를 올리고 있다 → 대세가 상승중이거나 상승으로 전환되고 있다.

잠깐만요 : 장단기 금리 차이를 보고 증시 대세 변화를 예측할 수 있다!

장기금리는 보통 1년 이상 3년, 5년, 10년 등의 금리를 말하고, 단기금리는 1년 미만 6개월, 3개월, 60일, 30일, 하루짜리 콜금리 등의 금리를 말한다. 더욱 자세히 분류하자면 3년 이상은 장기, 1~3년은 중기, 1년 미만은 단기로 구분하기도 한다.

일반적으로 장기금리가 단기금리보다 높다

그 이유를 먼저 돈을 빌려주는 사람의 입장에서 생각해 보자. 기간이 길면 돈을 떼일 가능성이 높다고 생각한다. 장기로 돈을 빌려간 사람이 어떻게 될지 몰라서 불안하기 때문이다(신용위험).

또 한 가지는 장기일 경우 정작 내가 돈이 필요할 때 쉽게 돌려받기 어렵다는 점이 있다(유동성 위험).

그래서 돈을 빌려주는 사람은 가능한 한 단기로 운용하고 싶어하고, 반면에 돈을 빌리는 사람은 안정적으로 자금을 이용하기 위해서 장기를 원한다. 그 결과 장기금리가 단기금리보다 높은 것이다. 예를 들면 3년만기 회사채 금리가 90일짜리 CD금리보다 높다. 예금도 언제 찾아갈지 모르는 수시입출금식 예금은 1년짜리 정기예금에 비해 이자라고 부를 수 없을 만큼 이자를 적게 준다.

장단기 금리가 역전되면 주가는 폭락한다

장기금리가 단기금리보다 높은 것이 정상이라고 했는데 예외적으로 단기금리가 장기금리보다 더 높은 경우가 있다.

1997~98년 IMF 금융위기가 발생했을 때 하루짜리 콜금리가 1년짜리 정기예금 금리보다 무려 배가 높은 30%까지 치솟았다. 유동성 위기가 발생하자 외국자금이 썰물처럼 한국을 빠져나갔고 시중에는 돈이 말랐다. 급박한 자금사정 때문에 당장 공장문을 닫아야 할 형편에 있는 기업들은 금리가 높고 낮음을 따질 처지가 못 되었다. 주식시장은 하락폭이 깊었다.

2008년 발생한 글로벌 금융위기 때도 단기금리가 장기금리보다 높게 올라갔고 코스피지수는 57.2% 하락하였다. 미국도 예외는 아니었다. 금융위기 초반 '장기금리와 단기금리가 역전한 현상'을 두고 연방준비제도이사회(FRB) 의장인 벤 버냉키는 향후 경기침체 우려를 표명하기도 하였다. 버냉키가 염려했던 대로 경제는 침체에 빠졌고 다우지수는 47.5%나 폭락했다.

여기서 우리는 하나의 힌트를 얻을 수 있다. 즉, 단기금리가 장기금리보다 높은 역전현상이 발생하였다는 매스컴의 보도를 접하면 다음과 같이 생각하고 대처하는 것이 좋다.

첫째, 현재 자금사정이 매우 어렵고, 향후 경기도 어려워지겠구나.

둘째, 주식시장에서도 자금이 빠져나가고 있구나.

셋째, 증시가 추가로 하락할 위험이 높으므로 자산 중에서 주식 비중을 줄이고, 예금이나 국공채 같은 안전자산으로 돌려야겠구나.

금리로 증시 대세판단하기

문제
01

다음 중 증시 상승요인과 하락요인을 고르시오.

ⓐ 금리가 충분히 떨어져 더 이상 떨어지지 않는다고 한다.

ⓑ 떨어지던 금리가 앞으로는 올라갈 것이라고 한다.

ⓒ 금리가 올랐는데도 앞으로 더 올린다고 한다.

ⓓ 현재 금리가 5%인데 4%, 3%로 금리를 더 내릴 것이라고 예측한다.

ⓔ 3개월 CD금리가 3년 국채 금리보다 더 높다.

해설

정부가 금리를 내리는 경우는 경제가 나쁘거나 나빠질 것으로 예상될 때이다. 반대로 금리를 올리는 경우는 금리가 물가에 비해 지나치게 낮거나 경기가 과열되었을 경우이다. 그리고 단기금리가 장기금리보다 더 올라가는 경우는 금융위기 때이다. 정답은 ⓐ, ⓑ, ⓒ는 상승요인이고, ⓓ, ⓔ는 하락요인이다.

문제
02

다음은 금리와 증권시장 대세에 관한 설명이다. 가장 적절하지 못하다고 생각되는 것을 고르시오.

ⓐ GDP성장률이 상승추세일 때 금리를 올리는 경우는 증시 대세가 상승을 보일 때가 많다.

ⓑ GDP성장률이 저조할 경우 금리를 내려 경기를 부양하는 경우가 있는데 이 경우 금리가 하락하므로 증시는 상승할 것으로 예측한다.

ⓒ 금리가 높다 낮다는 판단은 GDP성장률, 물가, 환율 등을 종합적으로 고려하여 나라마다 달리 판단하여야 한다.

ⓓ GDP성장률이 하락추세일 경우에는 금리가 떨어져도 증시가 상승으로 전환되기 어렵다고 보아야 한다.

해설

GDP성장률이 저조할 때 경기부양을 위해 금리를 내리는 경우에는 증시가 하락을 보이는 경우가 많다. 정답은 ⓑ

대세 결정 요인 4
환율

"우리나라는 무적입니다. 단, 지금의 환율이 앞으로도 계속 유지된다면⋯⋯."

세계 자동차시장에서 현대, 기아차의 시장점유율이 높아지던 시기에 자동차회사 한 임원이 향후 전망을 묻는 경제부 기자의 질문에 답한 말이다. 2014년 6월까지 달러당 1,000원 하던 원화가치가 2014년 12월부터 1,100원으로 하락하였고, 그 결과 자동차회사는 1억달러 수출할 때마다 가만히 앉아서 100억원씩 추가수익을 얻었던 것이다.

국가간 돈의 가치를 말해 주는 환율

환율은 국가간 돈의 가치를 비교한 것이다. 국가경제가 다른 나라에 비해 상대적으로 좋으면 그 나라의 돈의 가치는 올라가고(환율 하락), 상대적으로 경제가 나쁘면 돈의 가치는 떨어진다(환율 상승). 바꾸어 말하면 환율이 하락하면(돈의 가치가 올라가면) 그 나라 경제가 좋다고 할 수 있고, 환율이 상승하면(돈의 가치가 떨어지면) 그 나라 경제는 좋지 못하다고 보면 된다.

글로벌 금융위기가 안정을 찾은 이후 경제성장률이 높은 중국, 한국을 비롯한 아시아 이머징국가들의 돈의 가치는 상승하고 있고, 반면에 경제성장률이 낮은 미국 달러와 EU의 유로화 가치는 하락하고 있다.

원화 강세요인과 약세요인		
	강세요인	약세요인
GDP성장률	높다	낮다
금리	높다	낮다
국제수지	흑자	적자 또는 규모 축소
외환시장	투자증가, 투기성자금 유입	투자감소, 투기성자금 유출
주식시장 외국인동향	한국 주식 매입	한국 주식 매도

지금 달러, 엔화, 유로화, 위안화는 치열한 통화전쟁 중

알아두세요

한국은행에 따르면 원화가 10% 떨어지면 소비자물가 상승효과는 대략 0.8%에 이른다고 한다. 반면에 유가가 10% 상승하면 소비자물가는 0.2% 상승하는 효과가 있다고 한다.

미국에서 햄버거 하나에 1달러 한다고 가정해 보자. 원/달러 환율이 1,200원이면 한국에서 1,200원을 주어야 햄버거를 사먹을 수 있다. 그러나 환율이 1,100원으로 떨어지면 1,100원만 주고도, 즉 100원 싸게 햄버거를 사먹을 수 있게 된다.

환율이 떨어지면(돈의 가치가 올라가면) 수입물가가 싸져서 물가도 안정되니 좋아할 만도 한데 모든 나라가 다투어 자기네 돈가치가 떨어지기를 바란다. 그 이유는 국가간 가격경쟁에서 우위에 서기 위해서다.

지금 세계 각국은 자국의 수출을 늘리고 경기를 부양하기 위해서 치열한 통화전쟁을 치르고 있다. 그리고 환율전쟁의 중심에는 미국의 달러가 있다.

달러는 60여년 동안 전세계 기축통화(Key currency) 자리를 유지해왔다. 그러나 지금은 미국의 경상수지 적자와 재정적자가 눈덩이처럼 불어나 있는데다 달러마저 너무 많이 찍어내는 바람에 기축통화로서의 자리가 흔들리고 있다. 세계무역에서 미국이 차지하는 비중도 1999년 22%였으나 2016년에는 13%로 줄어들었다.

미국은 처음에 일본 엔화를 공격하여 엔화 가치를 높여놓았다. 다음으로 EU의 유로화를 공격하였고, 최근에는 중국에 대해서 환율조작 국가라며 위안화 가치를 올리라고 요구하고 있다. 달러, 엔화, 유로화, 위안화 등 4개 통화가 상호간에 전방위로 치열하게 공격과 방어를 계속하고 있는 것이다.

3조달러 이상의 외환보유고를 가지고 있으면서 국제수지 흑자행진을 지속하고 있는 중국의 입장에서는 결코 달가운 일이 아니지만 결국엔 위안화 가치 절상을 용인하게 될 것이다. 이는 필연적으로 한국의 원화 가치가 상승(환율 하락)한다는 의미가 된다. 왜냐하면 한국도 국제수지 흑자행진을 계속하고 있고 특히 중국에 대한 수출비중이 높기 때문이다.

---

⑤ 잠깐만요 : 기축통화란 무엇인가?

기축통화(Key currency)란 국제간의 결제나 금융거래에 있어 기본이 되는 통화를 말한다.
기축통화의 역사는 다음과 같다.

BC 5세기 : 그리스 은화 '드라크마'
BC 1세기 : 로마제국 금화 '아우레우스'와 은화 '데나리온'
4세기 : 비잔틴제국 '솔리두스'
13세기 : 이탈리아 금화 '제노인'과 '플로린'
17세기 : 네덜란드 '길더'
18세기 : 영국 '파운드'
1944년 : 미국 '달러'(브레튼우즈체제)
1971년 : 미국 '달러'(금태환 정지조치)
1985년 : 미국 '달러'(플라자합의)

전통적인 개념으로 보면 한 나라 경제가 좋아야 그 나라 돈의 가치도 올라간다. 그러나 세계적인 금융위기가 발생할 때마다 경제가 좋지 못한 미국의 달러와 일본의 엔화 가치는 떨어지지 않고 오히려 올랐다. 이유는 상대적으로 안전자산으로 분류되기 때문이다. 이에 반해 한국의 원화 가치는 금융위기 때마다 폭락했다. 아직도 안전자산이 아닌 위험자산으로 분류되고 있기 때문이다. 따라서 금융위기가 지나 경제가 정상궤도에 오르면 미국의 달러 가치와 엔화 가치는 떨어질 것이고 반대로 한국의 원화 가치는 올라갈 것이다.

환율은 주가의 선행지표

투자자 K씨는 주식투자를 하고부터 매일 환율을 체크하는 버릇이 생겼다. 환율이 올라가는(원화 가치 하락) 날에는 주가가 떨어졌고, 환율이 떨어지는(원화 가치 상승) 날에는 주가가 올랐기 때문이다. 금융위기로 증시 대세가 하락할 때도 환율이 먼저 올랐다. 1997~98년 IMF 금융위기 때도 그랬고, 2008년 글로벌 금융위기 때도 예외가 아니었다.

또한 증시 대세가 하락에서 상승으로 전환될 때도 환율이 먼저 떨어져 주식시장 대세상승을 예고해 주었다.

앞에서 예로 든 자동차회사 사례에서 본 것과 같이 환율이 올라가면(원화 가치 하락) 기업의 수출실적이 좋아져 주가가 올라야 할 텐데, 왜 주식시장은 하락할까?

그리고 환율이 떨어지면(원화 가치 상승) 왜 주식시장이 상승할까?

결론은 국내 주식시장을 좌지우지하는 외국인 투자세력 때문이다.

예를 들어 미국의 기관투자자가 원/달러 환율이 1,200원일 때 한국 주식을 1억달러 매수하는 경우를 생각해 보자.

한국 주식을 사기 위해서는 우선 달러를 원화로 바꾸어야 한다. 환율이 1,200원이므로 1억달러는 1,200억원(1억×1,200=1,200억)이다. 얼마 후 주가가 전혀 오르지 않아 주식을 산 값에 도로 매도하고 주식 매도금액 1,200억원을 미국으로 가져갈 때 보니 환율이 1,100원으로 떨어져 있었다. 1,200억원을 달러로 환전하니 1억 910만 달러(1,200억÷1,100=1억 910만)가 되었다. 즉 주가가 전혀 오르지 않았음에도 환율 하락으로 9.1%의 수익을 거둔 셈이다. 물론 주가가 올랐으면 주가상승률만큼 추가수익까지 올렸을 것이다.

반대로 환율이 상승할 때는 환율 상승만으로도 손해를 보게 된다.

환차익을 노리고 투자하는 외국인 부동자금

결론적으로 외국인투자자들은 기업의 가치를 보고 투자하기도 하지만 환율의 움직임을 보고 환차익을 얻기 위해 투자하기도 한다. 그들이 한국 주식에 투자할 때는 환율이 떨어지면(원화 가치가 상승하면) 유리하고 환율이 올라가면(원화 가치가 하락하면) 불리하다.

전세계 거대한 부동자금이 조금이라도 높은 수익을 찾아 국경 없이 넘나들고 있는 것이 오늘날이다. 이들 국제자금은 환율 등락에 매우 민감한 반응을 보이는 것이 특색이다.

알아두세요

한국의 IMF 외환위기 발생 원인은 무엇인가?

첫째, 재벌의 무분별한 차입으로 외형 위주의 경영
둘째, 수년간의 재정적자에도 불구하고 원화 가치 고평가
셋째, 과도한 단기외채 등이 그 원인이었다.
IMF 외환위기로 수많은 기업이 부도를 냈고, 실업률이 급증하였다. 이로 인해 1998년 한국의 GDP성장률은 -5.7%로 하락했다.

환율의 급격한 상승·하락, 주식시장에는 모두 하락요인

그렇다면 환율 상승으로 수출기업 실적이 좋아지는 것은 주가에 아무런 영향을 미치지 않는다는 말인가?

환율이 증시 대세상승에 도움이 되는 것은 '완만하게 하락'하는 경우이다. 급격하게 상승하는 경우도 급격하게 하락하는 경우도 모두 주식시장에는 하락요인이다.

환율이 급격하게 오르면(원화 가치가 하락하면) 외국자금이 썰물처럼 빠져나가서 금융위기가 발생한다. 1997년 12월 한국의 IMF 외환

알아두세요

데킬라 위기

1994년 12월 멕시코에서 발생한 외환위기를 말한다. 당시 멕시코는 외국자금이 급격히 빠져나가는 것을 막기 위해 금리를 인상하였다. 그러나 금리인상은 기업활동과 소비감소를 초래하였고 이로 인해 수천개의 기업이 파산해 수십만명의 노동자가 직장을 잃었다. 그 결과 1995년에는 GDP성장률이 -7%로 하락했다.

위기, 1994년 12월 멕시코 데킬라 위기 등 모든 금융위기가 외국자금이 빠져나가면서 환율이 급등하여 발생한 위기였다. 반대로 환율이 급격하게 하락할 때는 수출기업이 큰 타격을 받게 된다.

해외펀드에 투자할 때 돈의 가치가 완만하게 올라가는 나라의 주식에 투자하는 것이 돈의 가치가 하락하는 나라에 투자하는 것보다 유리한 것도 같은 맥락이다.

● 완만한 환율 하락(원화 가치 상승) → 증시 대세상승

● 환율 상승(원화 가치 하락) → 증시 대세하락

● 해외펀드에 투자할 경우 → 돈의 가치가 올라가는 나라를 선택하는 것이 유리

잠깐만요 **환율을 체크해 보려면?**

증권회사 HTS 초기화면을 보면 전일 환율 등락이 있고, 당일 환율도 실시간으로 볼 수가 있다. 환율은 하루하루 등락보다 추세를 보는 것이 중요한데 하나대투증권 HTS의 경우 메뉴에서 '투자정보/환율과 주가(7708)'창을 클릭하면 다음과 같은 환율과 주가추세를 동시에 볼 수 있다.

환율로 증시 대세판단하기

문제
01

다음 중 틀린 것을 고르시오.

ⓐ 환율이 완만하게 떨어지는 것으로 보아 증시 상승이 예상된다.

ⓑ 1,000원이던 원/달러 환율이 갑자기 1,200원으로 오른 것을 볼 때 주가 상승도 클 것이다.

ⓒ 1,200원이던 원/달러 환율이 장기간에 걸쳐 서서히 떨어져 1,000원이 될 경우 증시는 상승한다.

ⓓ 수출기업의 경우 환율이 상승하면 기업의 수익성이 좋아진다.

> **해설**
>
> 환율이 급등하는 경우는 금융위기나 경제위기가 발생할 때이므로 주가는 하락한다. 그러나 장기간에 걸쳐 서서히 하락할 경우는 강세장이 예상된다. 정답은 ⓑ

문제
02

다음은 환율과 증시 대세에 관한 설명이다. 가장 부적절한 설명을 고르시오.

ⓐ 중국 위안화가 절상되면 대중국 수출비중이 높은 한국의 원화 가치도 절상 압력을 받을 것이다.

ⓑ 일본의 엔화 가치가 절하되면 한국은 주요 수출품에서 경쟁관계에 있으므로 한국증시는 호재로 받아들일 것이다.

ⓒ 물가상승률이 높아 금리를 올릴 경우 원화 가치 절상이 우려된다.

ⓓ 해외펀드에 투자할 때는 해당 국가의 환율이 강세를 보일 것으로 전망되는 국가에 투자하는 것이 유리하다.

> **해설**
>
> 일본 엔화 가치가 하락하면 일본과 경쟁관계에 있는 한국의 주력수출품인 반도체, 자동차, 철강 산업은 가격경쟁에서 불리한 위치에 서게 된다. 정답은 ⓑ

대세 결정 요인 5
국제수지

국제수지란 무엇인가?

국제수지(國際收支, Balance of payments)란 한 나라가 다른 나라와 행한 모든 경제적 거래에 따른 수입과 지출의 차이를 의미한다. 분기 단위도 있지만 통상 1년 단위를 가장 많이 사용하고 있다. 들어오는 돈이 나가는 돈보다 많은 경우 즉 '수입 > 지출'이면 국제수지 흑자로 나타나고, 들어오는 돈보다 나가는 돈이 더 많으면 즉 '지출 > 수입'이면 국제수지 적자로 나타난다.

국제수지는 크게 경상계정과 자본계정으로 분류되는데, 경상계정은 무역거래, 무역외 거래, 이전거래로 구성된다. 무역거래는 재화의 수출과 수입을 말하고, 무역외 거래는 용역의 수출입과 투자수익을 말한다. 이전거래는 국가간 무상증여를 나타낸다. 국제수지 흑자가 경상계정 흑자에서 비롯된 것이라면 이상적이라고 할 수 있다.

자본계정은 직접투자와 포트폴리오 투자로 나누어진다. 해외투자의 유출입과 장기 차관, 단기 자본이동 등이 이에 해당한다. 외국 돈이 국내로 들어오면 부채를 지는 것과 같다. 그러나 산업에 장기적으로 투자되면 경제발전에 크게 도움이 된다.

반면에 단기자금의 급격한 유출입은 환율 급등락의 원인이 되고 때에 따라서 경제의 혼란을 초래하는 경우가 있다.

국제수지 흑자이면 주식시장 강세

국제수지 흑자 규모가 크면 클수록 주식시장엔 강세요인이 되고, 국제수지 흑자 규모가 급격히 줄거나 적자를 보이면 증시 하락 요인이 된다.

한 국가의 국제수지, 즉 수입과 지출은 균형을 이루는 것이 가장 바람직하다. 지출이 수입보다 많으면 국제수지는 적자가 된다. 국제수지 적자가 쌓이면 국가의 외환보유고가 고갈되어 궁극에 가서는

국제수지와 코스피지수(1989~1999)

국제수지 흑자 규모가 크면 클수록 상승 대세를 더욱 강세시장으로 만들고, 적자 규모가 크면 클수록 하락 대세를 더욱 강하게 만든다.

경제가 파탄에 이를 수 있다. 따라서 주가도 하락을 면치 못한다.

반대로 국외로 나가는 돈보다 들어오는 돈이 더 많은 경우를 국제수지 흑자라고 한다. 지출보다 수입이 더 많아 국내에 많은 돈이 들어오면 주식시장은 상승할 수밖에 없다.

● **국제수지 흑자 규모 확대 → 상승대세를 더욱 강하게**
● **국제수지 적자 규모 확대 → 하락대세를 더욱 강하게**

국제수지와 환율, 동전의 양면 같은 관계

국제수지와 환율은 동전의 앞뒷면과 같이 불가분의 관계에 있다. 돈의 가치가 하락하면 수출경쟁력이 높아지고 그 결과 수출이 증가하기 때문이다. 그래서 세계 각국이 자국의 통화가치를 끌어내리려

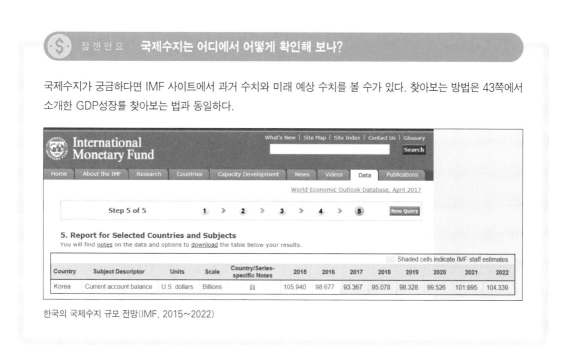

잠깐만요 : **국제수지는 어디에서 어떻게 확인해 보나?**

국제수지가 궁금하다면 IMF 사이트에서 과거 수치와 미래 예상 수치를 볼 수가 있다. 찾아보는 방법은 43쪽에서 소개한 GDP성장률 찾아보는 법과 동일하다.

Country	Subject Descriptor	Units	Scale	Country/Series-specific Notes	2015	2016	2017	2018	2019	2020	2021	2022
Korea	Current account balance	U.S. dollars	Billions		105.940	98.677	93.367	95.078	98.328	99.526	101.995	104.339

한국의 국제수지 규모 전망(IMF, 2015~2022)

고 통화전쟁을 하는 것이다.

국제수지는 증시 대세를 결정하는 GDP성장률, 물가, 금리 등과는 달리 독립변수로 보기 어렵다. 다만 국제수지 흑자 규모가 크면 클수록 상승 대세를 더욱 강세시장으로 만들고, 적자 규모가 크면 클수록 하락 대세를 더욱 강하게 만든다.

과거 사례로 볼 때에도 국제수지가 적자에서 흑자로 전환될 때 주가가 크게 올라 투자수익률이 높았고, 국제수지가 흑자에서 적자로 전환될 때 주가 하락의 폭이 깊었다

국제수지로 증시 대세판단하기

문제 01

다음 중 증시 상승요인과 하락요인을 고르시오.

ⓐ 국제수지 흑자가 지속되고 흑자폭이 커진다.

ⓑ 국제수지가 적자로 전환된다고 한다.

ⓒ 국제수지 흑자폭이 급격히 감소한다.

ⓓ 국제수지가 적자였는데 흑자로 전환될 것이라고 한다.

> **해설**
>
> 국제수지 흑자 규모가 클수록 증시 상승요인이고, 국제수지가 적자이거나 흑자 규모가 급격히 줄어들면 증시는 하락하는 경우가 많다. 정답은 ⓐ, ⓓ는 상승요인이고, ⓑ, ⓒ는 하락요인이다.

문제 02

다음은 중 가장 부적절하다고 생각되는 것을 고르시오.

ⓐ GDP성장률은 잠재성장률 이하로 하락하고 있지만 국제수지 흑자 기조가 유지될 것으로 전망되므로 증시도 상승으로 전망한다.

ⓑ GDP성장률이 4%이고 국제수지 흑자 규모도 큰 변화를 보이지 않고 있다. 이 경우 금리가 급등하면 증시는 하락으로 전망하는 것이 좋다.

ⓒ 경제 펀드멘탈에 별다른 변화가 없을 경우 환율 상승만으로도 국제수지 흑자폭이 증가할 수 있다.

ⓓ 국제수지 흑자폭이 크면 클수록 대세상승기에는 주가가 더 많이 오르고, 국제수지 적자폭이 크면 클수록 대세하락기에는 주가가 더 많이 하락하는 경향이 있다.

> **해설**
>
> 수출이 증가하거나 국내경제가 좋아 해외자금이 유입되면 국제수지는 흑자를 보이고, 그 반대일 경우 적자를 보이게 된다. 따라서 국제수지는 GDP성장률, 금리, 환율의 결과로 나타나는 종속변수라고 할 수 있다. 그러나 국제수지의 폭이 클수록 증시 추세를 강하게 만드는 경향이 있다. 정답은 ⓐ

대세 결정 요인 6
시장EPS

주가는 기업의 경영상태를 반영한다

기업이 장사가 잘 되어 이익을 많이 내면 주가가 올라가고, 장사가 시원치 않아 이익이 적게 나면 주가는 떨어진다. 우리가 지금까지 알아본 GDP상승률, 물가, 금리, 환율, 국제수지 등의 거시경제 요소는 최종적으로 기업의 영업실적으로 나타나게 된다.

장사가 잘 된다 못 된다를 판단하는 기준은 매출액증가율과 순익(또는 영업이익)증가율이다. 매출액과 이익은 규모도 중요하지만 규모보다 증가율이 주가에 더 영향을 미친다.

'증가율을 기준으로 한다고? 해마다 장사를 잘했고 지금도 잘하고 있는데 증가율이 소폭 감소하거나 미미하다고 장사를 못한다고 할 수 있는가?'

주식시장에서만은 '그렇다'고 말할 수 있다. 왜냐하면 과거 실적이 늘 좋았던 기업의 주가는 이미 많이 올라 있는 경우가 많기 때문이다. 그래서 주가를 추가로 더 높이려면 증가율이 중요하다. 즉 성장에 초점이 맞추어지는 것이다.

그리고 매출액증가율보다 영업이익(또는 순익)증가율이 주가에 더 많이 반영된다. 즉 실속 있는 장사를 해야 시장이 알아준다는 뜻이다.

기업이 돈을 얼마나 벌었나를 알아보는 대표적인 지표는 주당순이익(EPS, Earing Per Share)이다.

'왜 하필 주당순이익이냐?' 하면 규모가 서로 다른 기업의 수익성을 비교할 때는 이익의 절대규모만으로는 비교가 불가능하기 때문이다.

시장EPS 증가율이 높을수록 상승대세, 낮으면 횡보 또는 하락

애널리스트들은 기업을 직접 방문해 기업의 가치를 분석하고 개별 기업의 실적을 예측한다. 그리고 상장기업의 예상실적을 취합해서 시장EPS를 추정한다.

시장EPS 증가율을 보면 전체 상장기업이 전년도 또는 전분기에 비해 장사를 얼마나 잘하고 있는지를 알 수 있다. 즉 시장EPS 증가율이 높을수록 증시 대세는 상승할 확률이 높고, 감소하거나 미미하면 증시 대세는 횡보하거나 하락할 확률이 높다.

그런데 시장EPS를 예측하는 데는 두 가지 문제가 있다. 하나는 상장기업의 실적을 정확히 예측하기가 쉽지 않다는 점이고, 다른 하나는 애널리스트의 주관이 개입될 소지가 많다는 점이다. 특히 경기가 불황에서 탈피할 때와 호황에서 불황으로 경제환경이 급격하게 바뀔 때 예측이 엇나가는 경향이 있으나 주식시장의 대세를 판단할 때는 중요한 참고자료로 사용된다.

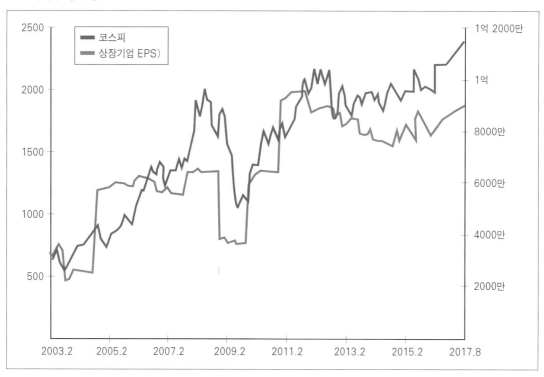

연간 예상EPS를 접할 때는 시기에 따라 신뢰도를 달리해야 한다. 연간 EPS를 접할 때는 시기에 따라 신뢰도를 달리하여야 한다. 예를 들어 2017년도 EPS를 전망할 경우 전망시기가 2016년 1월일 때보다 2016년 10월에 전망한 것이 신뢰도가 높다. 전망시기가 2017년에 가까울수록 신뢰도가 높아지는 것은 당연하다.

시장EPS로 증시 대세판단하기

문제 01

다음 중 틀린 것을 고르시오.

ⓐ 예상 시장EPS란 상장기업의 예상 당기순이익의 총계를 상장기업의 총 발행주식수로 나눈 것이다.

ⓑ 금년도 예상 시장EPS가 작년도 실적에 비해 25% 증가될 것이라고 한다. 따라서 주가가 상승할 것으로 전망한다.

ⓒ 미래는 알 수 없으므로 불확실한 향후 예상 시장EPS보다 확실한 지난 연도의 시장EPS를 기준으로 해야 한다.

ⓓ 상장기업의 장사가 잘 되고 있는지 안 되고 있는지를 알려면 시장 예상EPS를 보면 알 수 있다.

해설

시장EPS는 과거 수치보다 예상EPS가 더 중요하다. 과거 수치는 이미 주가에 반영되어 있다고 보기 때문이다. 그러나 향후 전망이 불확실할 경우엔 과거 수치도 중요하다. 정답은 ⓒ

문제 02

다음 설명 중 가장 부적절한 것을 고르시오.

ⓐ 시장EPS는 GDP성장률, 금리, 환율, 기업의 생산성 등의 중요한 경제요인의 결과로 나타나는 것이라고 할 수 있다.

ⓑ 예상EPS 증가율이 높을수록 증시 상승률도 높다고 예측할 수 있다.

ⓒ 시장EPS는 시장PER를 계산하는 기준이 된다.

ⓓ 시장EPS 증가율이 마이너스이더라도 절대수치가 높은 상태에 있다면 증시 대세는 상승으로 보아야 한다.

해설

시장EPS도 여러 가지 경제요인의 결과로 나타나는 수치이다. 시장EPS는 절대수치도 참고가 되지만 증시 대세를 예측하는 데는 증감률이 더 중요하다. 정답은 ⓓ

셋째
마당

코스피 45년을
복기하면
미래가 보인다!

이번 마당에서는 과거 한국증시에서 대세상승기와 대세하락기를 구분하고 시기마다 공통적으로 나타나는 경제지표들을 알아본다. 또한 대세 변곡점에서 경제지표가 어떻게 변했는지도 확인해 볼 것이다.

The Cakewalk Series –
Understanding stock market cycle to get high profits

CHAPTER 10

코스피 45년 흥망성쇠의 역사

1975년 이후 40년넘게 우리나라 증권시장은 8차례에 걸쳐 크게 등락을 거듭하였다. 그리고 지금은 8차 대세상승기가 지속되고 있다. 엄밀하게 따지면 1975년 이전에도 대세 파동이 있었다. 1966년부터 1973년 7월까지 주가가 크게 상승하였고, 그후 1차 오일쇼크로 하락하는 등락이 있었지만 그때는 증권시장 규모가 작아 우리나라 경제상황을 충분히 반영하기 어려웠기에 무시하기로 했다. 우리 증시는 1975년에 이르러서야 상장기업 189개, 주주 30만명이 되어 증권시장으로서의 면모를 어느 정도 갖추게 된다.

대세상승일 때의 평균상승률은 262%였고, 대세하락일 때의 평균하락률은 53%에 달하였다. 이를 통해 우리는 대세를 판단할 수 있는 투자자와 대세를 판단할 수 없는 투자자 사이에는 투자수익률이 엄청나게 차이가 나게 된다는 것을 알 수 있다.

알아두세요
코스피 역사에 대해 좀더 자세히 공부하고 싶다면 《대한민국 주식투자 100년사》(윤재수 저, 길벗 출판사)를 읽어보세요.

상승과 하락, 대세마다 공통분모가 있다

GDP성장률, 소비자물가상승률, 시중금리, 국제수지, 시장평균 주가수익비율(PER) 등에서 대세상승기에는 상승기에만 나타나는 공통분모가 있었고, 대세하락기에는 하락기에만 나타나는 공통분모가 있었다. 대세가 바뀔 때마다 "이번은 다르다"라는 전문가의 진단이 있었지만, 지나고 보면 반복해서 '역시나'로 끝이 났다.

이번 마당에서는 대세 사이클이 바뀔 때마다 변동되는 ① GDP성장률, ② 소비자물가상승률, ③ 시중금리, ④ 국제수지, ⑤ 시장평균 주가수익비율(PER), ⑥ 주식 물량 수급, ⑦ 투자자 손익 순으로 서술하였으므로 독자들은 이 점을 염두에 두고 책을 읽으면 이해하는 데 도움이 되리라 생각한다.

건설주 투기가 이끈
1차 대세상승기

코스피지수와 GDP성장률

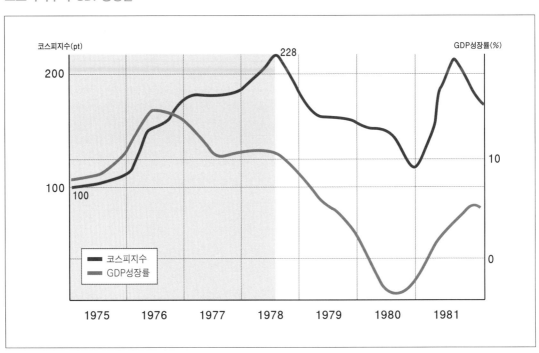

상승기간 : 1975년 1월~1978년 8월(3년 8개월)　　**상승률** : 128%↑

1975년 1월 100에서 출발한 지수가 1978년 8월에는 228포인트까지 상승하여 3년 8개월에 걸쳐 128% 상승하였다. 처음에는 중동에 진출한 해외건설업체의 기업 실적이 좋았기 때문에 대세가 상승하였으나 나중에는 시중자금이 증시로 집중되면서 건설주 투기장으로 변질되었다.

대세상승 배경

1. GDP성장률이 높았다.

대세상승기간 동안 연평균 GDP성장률이 10.2%로 잠재성장률보다 높은 고도성장률을 유지하였다.

2. 물가가 안정되었다.

1973년 1차 오일쇼크 이후 1975년 초 28%까지 치솟았던 물가가 10%대로 하락 안정되었다.

3. 금리가 상대적으로 안정되었다.

1972년 8월 3일 '사채동결조치'가 있기 이전에는 시중금리가 연평균 30%대까지 치솟아 기업이 빈사상태에 빠졌다. 군사정부는 기업을 살리기 위해 연 16.2%로 금리를 강제로 낮추었고, 금리 하락은 증시에 상승호재로 작용했다.

4. 국제수지 적자폭이 줄어들었다.

해방 이후 만성적인 적자를 보이던 국제수지가 중동에서 건설사업이 호조를 띠면서 1977년에는 적은 금액이지만 흑자로 전환되었다.

5. 기업의 수익이 주가 상승을 이끌었다.

중동에 진출한 건설사들의 영업실적이 두드러지게 좋아졌다. 1974~78년 동아건설이 자본금의 2~3배 순이익을 냈고, 대림산업은 자본금의 5배 수익을 내는 등 해외진출 우량 건설주의 영업실적이 급격하게 좋아졌다.

이 시기 업종별 주가 등락률을 보면 건설업종이 연평균 97% 상승(1975년~1978년 6월)하였으나 여타 업종은 오히려 하락하였다.

1976~77년 업종별 주가 등락률

업종	건설	전기전자	화학섬유	화학	금융
등락률(%)	132.3	-12.7	-17.0	-10.0	-0.7

6. 투자자 손익

동아건설, 대림산업, 삼환기업 같은 당시 우량 건설주의 경우 액면가 5,000원 전후에서 80,000원까지 상승하였으며, 이 기간 동안 있었던 유무상 증자를 포함할 경우 건설주의 상승률은 20~30배에 달하였다. 그러나 대부분 단기 투기성 매매였기 때문에 적당한 수익을 보고 시장을 빠져나온 사람은 극소수에 불과하였다.

1차 대세상승기 전후 경제지표

연도	1974	1975	1976	1977	1978	1979
GDP성장률(%)	8.7	8.5	15.5	10.3	11.6	6.4
물가상승률(%)	26.1	28.2	9.1	10.1	14.1	18.3
시중금리(%)	20.1	20.1	20.4	21.1	21.1	26.7
국제수지(억불)	-20	-19	-3	0.1	-11	-42

* 주 : 1. 물가상승률＝소비자물가상승률
　　　2. 시중금리＝우량 회사채(AA-) 3년물 수익률
　　　3. 경상수지는 소수점 이하 반올림, 기타는 소수점 한자리 이하 반올림

건설주 폭락!
1차 대세하락기

코스피지수와 GDP성장률

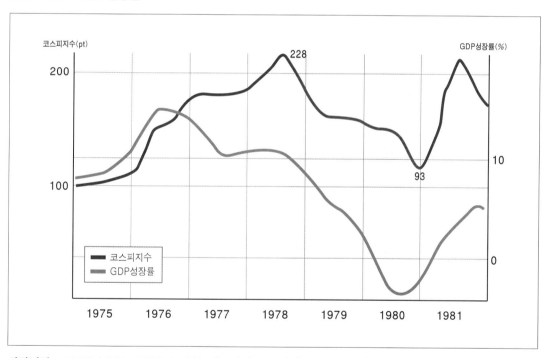

하락기간 : 1978년 8월~1981년 1월(2년 6개월)　　**하락률** : 59.2%↓

경제성장률 하락, 국제수지 악화, 고물가, 고금리가 주가 하락의 원인이었으며, 건설주 버블이 주가 폭락의 주된 이유였다.

대세하락 배경

1. GDP성장률 하락이 대세하락의 원인이었다.

1978년 이란이 혁명을 성취한 후 석유를 무기화하면서 2차 석유파동이 일어나 국제유가가 1978년 8월부터 1979년 11월까지 단기에 215% 급등하였다. 그 결과 연평균 11.4%이던 GDP성장률이 1980년에는 −1.9%로 추락하였다.

2. 물가도 급등하였다.

10% 전후이던 물가상승률이 1980년에는 28.7%로 엄청나게 올랐다.

3. 시중금리가 30%를 넘기고 있었다.

우량 회사채 수익률이 30.2%인 상황에서 주식에 투자하여 30% 이상 수익을 낸다는 것은 불가능했다.

4. 국제수지 적자폭 확대가 증시 하락을 부채질했다.

1977년 간신히 균형을 이루던 국제수지가 다시 적자로 전환되었고 그 폭도 확대되어 갔다.

5. 주식 공급물량이 과다하여 시장을 억누르고 있었다.

증권시장이 과열되어 건설주 투기가 극에 달하자 정부는 투기를 진정시키기 위해 무분별한 기업공개와 유상증자를 통해 대량으로 신주 물량을 증시에 쏟아부었다. 1975년에서 78년 사이에 기업공개와 유상증자 형식으로 자금을 조달한 금액이 8,100억원으로 1976

년 당시 시가총액과 맞먹는 규모였다.

6. 투자자 손익

1977년 후반부터 증권시장은 '돈 놓고 돈 먹는 식'의 극심한 투기장으로 변질되었다. 주가 상승은 기업가치와 아무런 상관이 없었고 건설주만의 잔치였다. 부실한 건설회사도 건설주라는 이름만으로 연일 급등을 반복했다. 그러나 탐욕에 눈이 먼 투기자들에게 돌아간 대가는 혹독했다. 1978년 8월부터 하락으로 전환된 건설주는 1년 이후 대부분 10분의 1로 추락하였고 많은 건설주가 증시에서 퇴출되어 사라졌다. 일반투자자들 중 뒤늦게 투기판에 뛰어든 대부분의 투자자들이 큰 손해를 본 것은 말할 나위도 없었다. '건설주 투기'는 국민들에게 '주식시장=투기판'이라는 이미지를 심어주는 계기가 되었다.

1차 대세하락기 전후 경제지표					
연도	1977	1978	1979	1980	1981
GDP성장률(%)	10.3	11.6	6.4	-1.9	7.4
물가상승률(%)	10.1	14.1	18.3	28.7	21.4
시중금리(%)	21.1	21.1	26.7	30.2	24.4
국제수지(억불)	0.1	-11	-42	-53	-46

* 주 : 1. 물가상승률＝소비자물가상승률
2. 시중금리＝우량 회사채(AA-) 3년물 수익률
3. 국제수지 소수점 이하 반올림, 기타 소수점 한자리 이하 반올림

큰손 장영자 등장!
2차 대세상승기

코스피지수와 GDP성장률

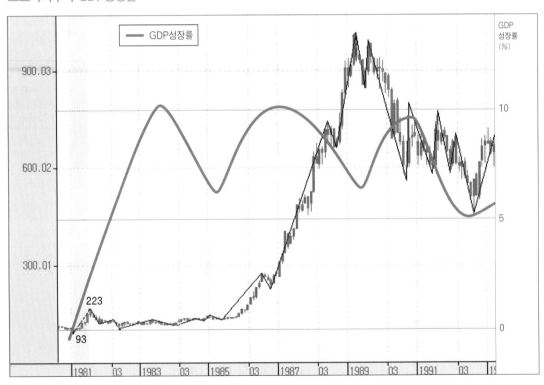

상승기간 : 1981년 1월~1981년 8월(8개월)　　　**상승률** : 139.7%↑

8개월이란 짧은 기간에 코스피지수가 139.7% 급등하여 기염을 토했다. 그러나 이는 경제호황에 따른 정상적인 상승이 아니라 장영자라는 큰손이 건설주를 사면서 촉발된 '제2의 건설주 파동'에 가까웠다.

대세상승 배경

1. GDP성장률이 하락에서 상승으로 반전되었다.

1980년 마이너스를 기록한 GDP성장률이 1981년 7.4%라는 큰 폭의 성장을 기록하였다. 그러나 이는 전년도 성장이 워낙 낮았기 때문에 발생한 기저효과가 크게 작용하였다.

2. 물가상승률은 20%대로 변함없이 높았다.

3. 금리는 30%대에서 20%대로 다소 낮아지기는 했지만 여전히 고금리가 지속되었다.

4. 국제수지 적자도 지속되었다.

5. 투자자 손익

1981년 대세상승은 경제호황을 배경으로 한 상승이 아니라 사채시장의 큰손으로 불리던 장영자로 인해 촉발된 일종의 건설주 파동이라 할 수 있다. 당시 장영자는 약 2,000억원을 주식에 투자해 일약 증권가의 큰손으로 등장하였다. 그녀는 하락률이 컸던 건설주를 집중 매수하였다. 장영자가 건설주를 매수하자 1978년 8월 이후 장기간 침체에 빠져 있던 증권시장이 건설주를 중심으로 폭등하였다. 1981년 1월 94포인트이던 건설주 지수는 같은 해 7월 321포인트까지 올라 단기에 3.4배 폭등하였다.

2차 대세상승기 전후 경제지표			
연도	1980	1981	1982
GDP성장률(%)	-1.9	7.4	8.3
물가상승률(%)	28.7	21.4	7.2
시중금리(%)	30.2	24.4	17.3
국제수지(억불)	-53	-46	-26

* 주 : 1. 물가상승률＝소비자물가상승률
　　　2. 시중금리＝우량 회사채(AA-) 3년물수익률
　　　3. 국제수지 소수점 이하 반올림, 기타 소수점 한자리 이하 반올림

CHAPTER

14

투자자가 증시에 등을 돌린
2차 대세하락기

코스피지수와 GDP성장률

하락기간 : 1981년 8월~1982년 5월(10개월)　　　**하락률** : 52.4%↓

장영자의 주식 매입으로 촉발된 건설주 버블이 꺼지는 과정에서 나타난 주가 하락기였기 때문에 경제요인과의 연관이 많지 않았다. 이후 증시는 상당히 오랫동안 횡보국면을 보였다.

대세하락 배경

1. GDP성장률은 8% 선으로 양호한 편이었다.

2. 물가도 점차적으로 낮아졌다.

소비자물가상승률이 1981년 21.4%에서 1982년 7.2%, 1983년 3.4%로 점진적으로 낮아지고 있었다.

3. 금리도 점차 낮아졌다.

1981년 24%까지 상승한 시중금리가 1983년에는 14%로 낮아졌다.

4. 국제수지 적자폭도 점진적으로 줄어들고 있었다.

5. 투자자 손익

1976~78년 제1차 건설주 파동 때 건설주의 위력을 경험했던 투자자들은 건설주 투자라면 다시 하지 않겠다던 맹세를 쉽게 잊어버리고 2차 건설주 파동에 동참하였다. 그러나 그 결과는 또 한번의 참패로 끝이 났고, 그 후유증은 오래갔다. 1983년 이후 1985년 초까지 증시는 장기간 숨고르기에 들어갔다. 경제는 호전되고 있었지만 투자자들이 증시에 등을 돌린 탓이었다.

2차 대세하락기 전후 경제지표			
연도	1981	1982	1983
GDP성장률(%)	7.4	8.3	12.2
물가상승률(%)	21.4	7.2	3.4
시중금리(%)	24.4	17.3	14.2
국제수지(억불)	-46	-26	-5

* 주 : 1. 물가상승률＝소비자물가상승률
   2. 시중금리＝우량 회사채(AA-) 3년물 수익률
   3. 국제수지 소수점 이하 반올림, 기타 소수점 한자리 이하 반올림

투자자로부터 소외된
주식시장! 1차 대세횡보기

코스피지수와 GDP성장률

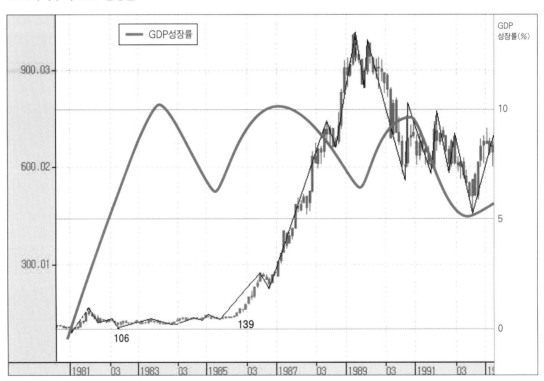

횡보기간 : 1982년 6월~1985년 1월(2년 6개월)

1981년 2차 건설주 파동 이후 1982년 6월부터 1985년 1월까지 2년 6개월에 걸쳐 주식시장은 횡보 국면을 보였다. 2차 오일쇼크(1978년~1980년) 이후 경제는 완만하지만 서서히 회복세를 보였다. 그러던 중 1981년 2차 건설주 파동이 발생하였고, 그 후유증으로 일반투자자들은 주식시장에 등을 돌렸다. 시중자금은 안전한 채권시장에만 머물 뿐 주식시장으로 유입되지 않았기 때문에 주식시장은 거래가 감소하고 주가등락도 미미하였다. 주식시장이 활기를 잃은 시기이다.

대세횡보 배경

1. GDP성장률이 높아졌다.

1980년 -1.9%라는 최악의 마이너스 성장 이후 GDP성장률은 1981년 7.4%, 1982년 8.3%, 1983년 12.2%, 1984년 9.8%, 1985년 7.5%로 회복세를 이어갔다.

2. 저물가가 유지되었다.

물가성장률이 1981년 21.4%에서 1982년 7.2%, 1983년 3.4%, 1984년 2.3%로 안정적으로 낮아졌다.

3. 금리가 낮아졌다.

금리가 1981년 24.4%에서 1983년부터 14%대로 낮아졌다. 그러나 14%대 금리는 8~12%대인 GDP성장률보다 높았기 때문에 일드갭(주식투자 예상수익률-확정부 이자률)면에서 주식투자보다 채권투자가 상대적으로 유리했다.

4. 국제수지 적자는 지속되었다.

그러나 1981년 -46억달러에서 1982년 -26억달러, 1983년 -5억달러로 적자폭이 서서히 감소하였다.

5. 2차에 걸친 건설주파동으로 손실을 입은 투자자들이 증시를 불신하고 외면하였다.

시중자금이 주식시장으로 유입되지 않아 시장은 장기횡보국면을 지속했다. 그러던 중 1984년 7월 삼환기업이 북예멘 정유공장 건설에 참여한다는 보도가 나오면서 자원개발 관련주가 급등하여 일시적으로 시장의 숨통을 트여주는 계기가 되었다. 일명 '북예멘 유전개발 4인방'으로 불리는 이 테마주는 선경, 유공, 삼환기업, 현대종합상사로 구성되어 있으며 증권시장 최초의 테마주라 할 수 있다.

1차 대세횡보기 전후 경제지표						
연도	1981	1982	1983	1984	1985	1986
GDP성장률(%)	7.4	8.3	12.2	9.8	7.5	12.2
물가상승률(%)	21.4	7.2	3.4	2.3	2.5	2.7
시중금리(%)	24.4	17.3	14.2	14.1	14.2	12.8
국제수지(억불)	-46	-26	-5	-13	-8	47

* 주 : 1. 물가상승률＝소비자물가상승률
2. 시중금리＝우량회사채(AA-) 3년물 수익률
3. 국제수지 소수점 이하 반올림, 기타 소수점 한자리 이하 반올림

⑤ 잠깐만요 : 테마주란 무엇인가?

주식시장에는 시대변화에 따라 새로운 패러다임을 반영하는 주식들이 테마를 형성하여 묶음으로 등락을 같이한다. 시장에는 150개가 넘는 테마가 있으며 최근에는 화장품, 사물인터넷, 항암치료제, 바이오, 줄기세포, 태양광에너지, 전기차, 스마트카, 게임 등이 각광을 받았다. 그러나 선거, 우선주, 중소형 자원개발관련주 등과 같이 기업실적과 무관하게, 시장분위기에 따라 급등락을 반복하는 테마주가 많으므로 철저한 그래프 분석을 통해 단기매매하는 것이 유리하다.

최초 코스피 1000 돌파!
3차 대세상승기

코스피지수와 GDP성장률

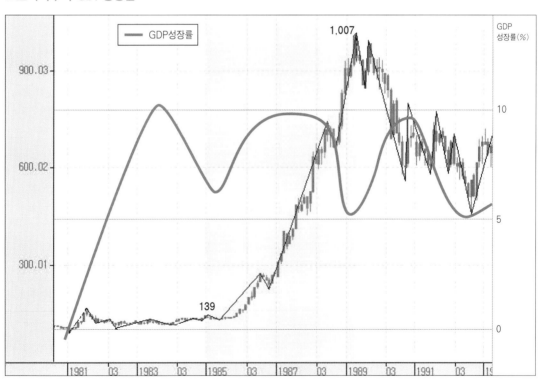

상승기간 : 1985년 1월~1989년 3월(4년 3개월)　　　**상승률** : 624.5%↑

1980년대 후반은 우리나라 증권시장에 새로운 획을 그은 시기였다. 저금리, 저환율(원화가치 하락), 저유가라는 3저를 배경으로 국제수지가 큰 폭으로 흑자 전환되었고 증시시장은 활황을 거듭하였다. 1985년 중반 139포인트로 시작한 코스피지수는 3년 6개월간 상승세를 지속한 결과 1989년 3월 31일 증시사상 최초로 1,000포인트를 돌파하는 기록을 세웠다.

대세상승 배경 – 유가하락, 금리하락, 원화가치 하락(3저)

1. 국제유가가 하락했다.

2차 오일쇼크 이후 세계 각국이 경기침체로 석유소비가 감소했다. 35불까지 치솟던 국제유가는 고점대비 1/4 수준인 8불 수준으로 떨어졌다. 국제유가 하락은 100% 원유수입에 의존하는 한국경제에 부담을 덜어주고 물가안정에도 크게 기여하였다.

2. 금리가 하락했다.

국제금리가 하락세를 보인결과 최고 30%까지 올라갔던 국내금리도 12%대로 하락했다. 금리하락은 외채부담이 많은 기업의 부담을 덜어 주었고, 채권투자 자금이 주식으로 이동하게 한 요인이 되었다.

3. 일본 엔화에 비해 원화가치가 하락했다.

1985년 9월 22일 경상수지 적자와 재정수지 적자가 동시에 나타나는 쌍둥이 적자를 줄이기 위해 미국은 G5 경제선진국(미국, 영국, 프랑스, 서독, 일본)과 함께 일본의 엔화가치를 높이는 플라자합의를 발표했다. 플라자합의로 1달러당 235엔이던 엔화가치가 1995년에 80엔까지 급등했고, 상대적으로 한국의 원화가치는 하락했다.

4. 높은 GDP성장률과 국제수지 흑자전환

3저에 힘입어 GDP성장률은 1986년부터 3년간 12%를 웃도는 고성장을 거듭하였고, 만성적자를 시현하던 국제수지도 흑자로 전환되었다. 높은 GDP성장률과 국제수지 흑자는 3년(1982년~1985년 6월)넘게 장기 박스권에 갇혀 있던 증시를 대세상승으로 이끈 요인이 되었다.

5. 기업의 주당순이익(EPS)이 증가하였다.

GDP성장률이 높았기 때문에 소득↑→소비↑→투자↑→고용↑ 등으로 경제의 선순환이 이어졌고, 자연히 기업가치도 높아졌다. 1985년 미국에 최초로 포니승용차를 수출하기 시작한 현대차의 주당순이익(EPS)을 예로 들면, 1985년 1,356원에서 1987년에는 2,211원이 되어 63%나 높아졌다. 반도체를 수출하기 시작한 삼성전자도 1986년 주당순이익이 2,630원에 달해 전년보다 35%나 높아졌다. 이같은 주당순이익의 증가는 주가 상승으로 이어졌다.

6. 투자자 손익

이 시기는 우리사주와 국민주 보급으로 국민 다수가 주식을 보유하기 시작한 시기였다. 대세상승 전반기(1985년~1986년 6월)에는 제조업 중심으로 '주당순이익(EPS) 증가=주가 상승'이라는 등식이 성립되었다. 그러나 대세상승 후반기(1986년 후반기~1988년 말)부터는 '주식투자 열풍'으로 시중자금이 증시로 몰려들면서 돈의 힘으로 상승하는 전형적인 '유동성 장세'가 전개되었고 증시는 기업가치와 무관하게 투기장으로 변질되어 갔다. 따라서 대세 전반기에 투자한 투자자들은 상당한 수익을 실현할 수 있었으나, '주식으로 돈을 벌었다'는 소문을 듣고 대세 후반기에 뛰어든 투자자들은 막대한 손실을 감수해야만 했다.

3차 대세상승기 전후 경제지표						
연도	1984	1985	1986	1987	1988	1989
GDP성장률(%)	9.8	7.5	12.2	12.3	11.6	6.7
물가상승률(%)	2.3	2.5	2.7	3.0	7.1	5.7
시중금리(%)	14.1	14.2	12.8	12.6	13.6	15.4
국제수지(억불)	-13	-8	47	100	145	53

* 주 : 1. 물가상승률＝소비자물가상승률
　　　2. 시중금리＝우량 회사채(AA-) 3년물 수익률
　　　3. 국제수지 소수점 이하 반올림, 기타 소수점 한자리 이하 반올림

88올림픽 버블 소진!
3차 대세하락기

코스피지수와 GDP성장률

하락기간 : 1989년 4월~1992년 7월(3년 4개월)　　　**하락률** : 50.3%↓

88올림픽 이후 3저가 퇴조되면서 1989년 4월 1,015포인트이던 코스피지수는 3년 4개월이라는 오랜 기간 동안 50.3% 하락하는 대세하락기를 맞이했다.

대세하락 배경

1. GDP성장률이 하락 추세로 전환되었다.

그동안 두 자릿수이던 GDP성장률이 한 자릿수로 떨어져 하락 추세로 전환되었다. 1986~88년 연평균 12%라는 높은 GDP성장률이 88올림픽 이후 하락으로 전환되었으며 1992년에는 5.7%로 하락하였다.

2. 물가상승률이 높았다.

잠재성장률보다 높은 GDP성장률이 오랫동안 유지되면서 물가가 너무 많이 올랐다. 1991년 소비자물가상승률은 9.3%로 매우 높았다.

3. 고금리시대로 전환하였다.

물가가 오르자 정부는 물가를 잡기 위해 금리를 올렸다. 그 결과 12~14% 선에서 유지되던 실세금리가 1991년 들어 19%까지 상승하였다. 1991년에는 시중에 돈이 돌지 않아 단기금리가 장기금리보다 높은 금리역전 사태가 발생하였다.

4. 국제수지는 다시 적자시대로 전환되었다.

1986년부터 1989년까지 4년 연속 지속되던 국제수지 흑자 기조가 1990년부터 적자로 전환되었다.

5. 지나친 물량공급

국민소득이 높아지자 재산증식에 관한 국민들의 관심도 높아져 주식투자 인구가 급증하였다. 1985년에 77만명에 불과하던 주식투자자가 1989년에는 1,901만명으로 늘어나 주식투자를 하지 않는 가구가 없을 정도였다. 이처럼 주식투자 열기를 높이는 데는 한국전력, 포스코 같은 국민주 보급도 한몫을 했다. 정부는 과열된 주식시장을 식히기 위해 유상증자와 기업공개를 확대 허용하여 물량공세를 폈다. 그 결과 증시에 공급된 물량은 1986년 1조, 1987년 2조, 1988년 7조, 그리고 1989년에는 14조원에 이르렀다.

그러나 이렇게 풀린 주식 물량은 증시 대세가 하락으로 전환되자 공급과잉을 가져와 시장은 장기간 침체에 빠졌다. 주가 하락으로 국민들의 원성이 높아지자 노태우정부는 투자신탁회사에 무제한 주식 매입을 지시하는 '12·12증시안정화조치'를 취하고 5조원에 이르는 '증시안정기금'을 조성하였지만 증시 대세를 정부가 인위적으로 돌릴 수 없음을 증명해 준 결과만 초래하였다.

3차 대세하락기 전후 경제지표						
연도	1988	1989	1990	1991	1992	1993
GDP성장률(%)	11.6	6.7	9.3	9.7	5.7	6.3
물가상승률(%)	7.1	5.7	8.6	9.3	6.2	4.8
시중금리(%)	13.6	15.4	18.5	19.0	16.2	12.6
국제수지(억불)	145	53	-20	-84	-41	8

* 주 : 1. 물가상승률=소비자물가상승률
　　　 2. 시중금리=우량 회사채(AA-) 3년물 수익률
　　　 3. 국제수지 소수점 이하 반올림, 기타 소수점 한자리 이하 반올림

외국인 직접투자 허용!
4차 대세상승기

코스피지수와 GDP성장률

상승기간 : 1992년 8월~1994년 10월(2년 3개월)   **상승률** : 147.4%↑

1992년부터 외국인 직접투자 허용과 경제회복으로 증시가 다시 상승세로 전환되었다.

대세상승 배경

1. GDP성장률이 추세적으로 높아졌다.

1993~94년 GDP성장률은 평균 7.5%로 대단히 높은 수준은 아니어도 추세적으로 호조를 보였다(1992년 5.75%→1993년 6.33%→1994년 8.77%).

2. 물가가 안정되었다.

1991년 9.3%까지 올랐던 소비자물가상승률이 1993년에는 4.8%로 낮아졌다.

3. 금리가 하향 안정되었다.

1991년 19%로 높았던 시중금리가 다시 12%대로 낮아졌다.

4. 국제수지가 흑자로 돌아섰다.

3년 연속 적자를 기록했던 국제수지가 1993년 다시 8억달러 흑자로 돌아섰다.

5. 투자자 손익

외국인 직접투자가 처음으로 허용되었을 때(1992년 1월 3일) 한국증시에 첫발을 디딘 외국인들은 어떤 종목을 골랐을까?

그들의 첫번째 종목선정 기준은 주가수익비율(PER)이었다. 그리고 철저하게 저PER 종목에 투자하였다. 그것이 계기가 되어 저PER(주가수익비율)→저PBR(주가순자산비율)→블루칩(대형 우량주) 순으로 기업의 가치를 판단하는 기준이 바뀌어갔다.

국내 일반투자자들은 트로이카(금융, 건설, 무역) 같은 업종별로 단기투자하는 투자관행과 기업가치와 무관한 작전주, 재료보유주 위주로 투자하였기 때문에 개별기업의 가치를 중시하는 시장변화를 제때에 읽어내지 못하였다. 그 결과 투자수익을 낸 투자자는 드물었다.

4차 대세상승기 전후 경제지표				
연도	1992	1993	1994	1995
GDP성장률(%)	5.7	6.3	8.8	8.9
물가상승률(%)	6.2	4.8	6.2	4.5
시중금리(%)	16.2	12.6	12.9	13.8
국제수지(억불)	-41	8	-40	-87

* 주 : 1. 물가상승률＝소비자물가상승률
    2. 시중금리＝우량 회사채(AA-) 3년물 수익률
    3. 국제수지 소수점 이하 반올림, 기타 소수점 한자리 이하 반올림

IMF 외환위기!
4차 대세하락기

코스피지수와 GDP성장률

하락기간 : 1994년 11월~1998년 5월(3년 7개월)   **하락률 : 73.7%↓**

IMF 외환위기라는 대한민국 역사상 가장 큰 경제위기를 맞아 한국 경제가 초토화되고 증권시장은 붕괴되었다.

대세하락 배경

1. GDP성장률이 급격히 떨어졌다.

GDP성장률이 1995년 이후 서서히 하락하기 시작해 1998년에는 −5.7%로 추락하였다.

2. GDP성장률이 낮았기 때문에 물가는 상대적으로 안정되었다.

3. 시중금리가 급등하였다.

IMF 위기가 최고조에 달한 1997년 말과 1998년 초에는 단기금리가 30%에 도달했다. 사람을 믿지 못해 돈이 돌지 않았고, 부도를 막기 위해 급전을 구하다 보니 금리는 부르는 것이 값이었다. 자금시장은 단기금리가 장기금리보다 높이 올라가는 비정상적인 상태가 되었다.

4. 원화 가치가 고평가되어 국제수지 적자폭이 확대되었다.

IMF 외환위기 이전까지는 환율이 지금처럼 자율변동제가 아니고 준고정환율제를 견지하고 있었다. 국제수지 적자폭이 확대되면 원화값이 떨어지는 것이 정상이었지만 고정환율제로 우리나라 원화값은 800~900원으로 고평가되어 떨어질 줄 몰랐다. 결국 외환보유고가 바닥이 난 상태에서 때마침 동남아에서 불어닥친 환율폭풍을 피하지 못하고 위기를 맞이했다.

5. 투자자 손익

IMF 외환위기와 함께 한국 주식을 팔고 떠나는 외국인 때문에 한국 증시는 초토화되었다. 1998년 말까지 760개 거래소 상장종목 가운데 35개 종목이 퇴출되었고, 133개 종목은 부도를 내고 관리종목에 편입되었다.

IMF 외환위기는 주식투자를 하던 상당수 중산층을 빈곤층으로 끌어내리는 계기가 되었다. 그러나 그 와중에도 위기를 기회로 삼아 과감하게 우량주를 매수한 투자자들은 큰 수익으로 보답을 받았고, 일약 부자 대열에 낀 사람도 있었다.

4차 대세하락기 전후 경제지표						
연도	1994	1995	1996	1997	1998	1999
GDP성장률(%)	8.8	8.9	7.2	5.7	-5.7	10.7
물가상승률(%)	6.2	4.5	4.9	4.4	7.5	0.8
시중금리(%)	12.9	13.8	11.9	13.4	15.1	8.9
국제수지(억불)	-40	-87	-231	-83	403	245

* 주 : 1. 물가상승률＝소비자물가상승률
　　　2. 시중금리＝우량 회사채(AA-) 3년물 수익률
　　　3. 국제수지 소수점 이하 반올림, 기타 소수점 한자리 이하 반올림

벤처기업 부양!
5차 대세상승기

코스피지수와 GDP성장률

상승기간 : 1998년 10월~1999년 12월(1년 3개월) **상승률** : 243.7%↑

IMF 금융위기로 초토화된 증권시장에 벤처기업이란 꽃이 피었다. 바이오, 닷컴 같은 벤처기업의 성장과 미국 나스닥시장의 폭등, 김대중 정부의 벤처기업 육성정책이 주가상승의 주된 요인이었다. 신기술에 대한 막연한 기대로 인한 투기로 주가는 급등을 반복했고 버블이 극에 달했다. 그 결과 코스피지수가 244% 상승한 데 비해 같은 기간 코스닥지수는 383% 상승하였다.

대세상승 배경

1. GDP성장률이 마이너스에서 플러스로 급격히 호전되었다.

GDP성장률이 1998년 −5.7%에서 1999년에는 10.7%로 급상승했다.

2. 1999년 물가상승률이 0.8%로 낮았다.

3. 국제수지가 큰 폭으로 흑자 전환을 했다.

IMF 외환위기가 끝나던 1998년 403억, 1999년 245억원의 국제수지 흑자를 기록하였다. 금융위기를 계기로 환율이 자율화되었고, 높아진 환율(원화 가치 하락) 덕분에 큰 폭의 흑자를 낼 수 있었다.

4. 금리가 하락하였다.

외환위기 당시 30%까지 급등했던 시중금리가 점차 낮아져 1999년에는 8.9% 이하로 낮아졌다.

5. 투자자 손익

1998~99년 대세상승기는 두 가지 특징이 있었다.

첫째, IMF 외환위기 때 부채비율이 높은 한계기업이 대부분 증시에서 퇴출되었다. 또한 외국인과 공포에 질린 투자자들이 주식을 투매하여 주가가 기업의 가치 이하로 폭락하였다. 1998년 말 유가증권시장의 시장평균 주가수익비율(PER)은 10배 이하로 떨어졌다.

둘째, 새로운 밀레니엄(2000년)을 맞이하면서 전세계적으로 바이오, 닷컴 같은 벤처기업이 각광을 받았다. 초기에 벤처기업 주식에 투자한 사람들은 큰 재미를 보았고, 벤처기업 설립자와 일부 작전세력들이 재산을 한몫 잡는 계기가 되었다.

5차 대세상승기 전후 경제지표				
연도	1997	1998	1999	2000
GDP성장률(%)	5.7	-5.7	10.7	8.8
물가상승률(%)	4.4	7.5	0.8	2.2
시중금리(%)	13.4	15.1	8.9	9.4
국제수지(억불)	-83	403	245	122

* 주 : 1. 물가상승률＝소비자물가상승률
　　 2. 시중금리＝우량 회사채(AA-) 3년물 수익률
　　 3. 국제수지 소수점 이하 반올림, 기타 소수점 한자리 이하 반올림

21

벤처기업 버블 붕괴!
5차 대세하락기

코스피지수와 GDP성장률

하락기간 : 2000년 1월~2001년 9월(1년 9개월)　　**하락률** : 56.6%↓

벤처기업의 주가 버블이 꺼지는 과정에서 개인 투자자들의 손실은 참담했다. 마구잡이 기업공개와 과다한 유상증자가 주가하락 배경에 한 몫 했다. 이 시기는 투자자들에게 버블은 언젠가 반드시 사라진다는 사실을 일깨워준 시기였다.

대세하락 배경

1. GDP성장률이 하락했다.

GDP성장률이 1999년 10.7%에서 2000년 8.8%, 2001년 4.0%로 추세적으로 낮아졌고 잠재성장률 이하로 떨어졌다.

2. 물가는 점진적으로 상승했다.

소비자물가상승률이 1999년 0.8%에서 2000년 2.2%, 2001년 4.1%로 높아졌다.

3. 금리가 다소 높아졌다.

시중금리가 1999년 연평균 8.9%에서 2000년에는 9.4%로 올라갔다.

4. 국제수지 흑자폭이 감소추세를 보였다.

1999년 245억달러였던 국제수지 흑자폭이 2000년 122억달러, 2001년 80억달러로 감소하였다.

5. 투자자 손익

1999~2000년 초 증권시장은 벤처기업 중심으로 버블이 극심했다. 유가증권시장의 주가수익비율(PER)이 32.7배로 급등했고, 대부분 벤처기업인 코스닥의 경우는 더욱 극심해 주가수익비율(PER)을 계

산할 수 없을 정도였다. 코스닥 종목을 대상으로 하는 작전세력들이 기승을 부렸고 주식시장의 질이 땅에 떨어졌다. 벤처기업엔 투자기준이란 없었고 오직 투기세력만 있었다. 투기로 올라간 주가가 하락할 때는 날개가 없었다. 그 결과 IMF 외환위기 때 명예퇴직금을 받고 퇴사한 많은 중산층이 벤처기업 투자로 큰 손실을 보았고 다시 한번 빈곤층으로 추락하게 되었다. 1998년부터 2000년까지 3년간 16조원에 이르는 유상증자와 기업공개로 인한 물량압박도 하락대세기간을 길게 만드는 원인이 되었다.

5차 대세하락기 전후 경제지표				
연도	1999	2000	2001	2002
GDP성장률(%)	10.7	8.8	4.0	7.1
물가상승률(%)	0.8	2.2	4.1	2.7
시중금리(%)	8.9	9.4	7.1	6.6
국제수지(억불)	245	122	80	54

* 주 : 1. 물가상승률=소비자물가상승률
  2. 시중금리=우량 회사채(AA-) 3년물 수익률
  3. 국제수지 소수점 이하 반올림, 기타 소수점 한자리 이하 반올림

최초 코스피 2000 돌파!
6차 대세상승기

코스피지수와 GDP성장률

상승기간 : 2003년 4월~2007년 10월(4년 7개월)   **상승률** : 294.2%↑

2003년을 바닥으로 세계증시가 거의 비슷한 시기에 대세상승으로 전환되었다. 한국증시도 세계증시와 동조화 현상을 보이며 2003년 3월 512.3포인트로 시작된 KOSPI지수가 2007년 11월 2,085포인 트로 무려 301.8%나 상승하였다. 주가상승 배경은 이머징국가를 중심으로 높아진 세계 GDP성장률과 낮은 은행 금리로 주식을 시 작하는 사람들이 늘었기 때문이다.

대세상승 배경

1. GDP성장률이 추세적으로 높아졌다.

2006~2007년에는 잠재성장률인 4%를 넘어 5%대를 유지하였다.

2. 소비자물가상승률이 2~3% 이하로 안정되었다.

3. 시중금리는 4~5%로 낮은 금리를 유지하고 있었다.

4. 국제수지도 흑자 기조를 이어갔다.

5. 투자자 손익

주가수익비율(PER)이 8~10배로 주가가 저평가되어 있었다.

2003~2007년에는 증시사상 가장 강한 펀드열풍이 불었다. '중국 펀드가 높은 수익률을 실현했다'는 뉴스가 퍼지면서 시중자금이 주 식형펀드로 몰려들었다. 그 결과 2004년 말 4조 규모이던 주식형펀 드 설정액이 3년 반 뒤인 2007년 10월에는 144조원에 이르렀다.

이같은 펀드열풍에 힘입어 2008년 글로벌 금융위기가 발생하기 이 전에 환매한 소수의 펀드투자자들은 은행이자보다 약 10배 정도 높 은 수익을 실현하였다.

6차 대세상승기 전후 경제지표							
연도	2002	2003	2004	2005	2006	2007	2008
GDP성장률(%)	7.1	2.8	4.6	4.0	5.2	5.1	2.3
물가상승률(%)	2.7	3.5	3.6	2.7	2.2	2.5	4.7
시중금리(%)	6.6	5.4	4.7	4.7	5.2	5.7	7.0
국제수지(억불)	54	119	282	150	54	59	−58

* 주 : 1. 물가상승률＝소비자물가상승률
　　　 2. 시중금리＝우량 회사채(AA-) 3년물 수익률
　　　 3. 국제수지 소수점 이하 반올림, 기타 소수점 한자리 이하 반올림

23

서브프라임 금융위기!
6차 대세하락기

코스피지수와 GDP성장률

하락기간 : 2007년 11월~2008년 10월(1년)　　　**하락률 :** 57.2%↓

2003년부터 상승을 지속하던 세계증시가 2007년 하락으로 전환되었다. 대세하락의 원인은 미국 서브프라임 모기지 부실과 그것을 기초로 만들어진 파생상품의 부실이 원인이 되어 촉발된 글로벌 금융위기였다. 2007년 11월 1일 2,085포인트를 기록한 KOSPI지수가 2008년 10월 27일 892포인트로 떨어져 1년 만에 57.2%나 급락했다. 상승률이 높았던 조선, 철강, 화학 등 중국과 관련된 주가의 하락폭이 더 컸다.

대세하락 배경

1. GDP성장률이 2008년 2.3%로 추락하였다.

전세계 국가 대부분이 마이너스 성장을 하였으며, 한국을 포함한 아시아의 이머징국가만이 플러스 성장을 할 수 있었다.

2. 2008년 금리가 7%대로 급등하였다.

3. 국제수지가 적자로 전환되고 환율이 급등했다.

2007년 59억달러 흑자이던 국제수지가 2008년에는 58억달러 적자로 전환되었고, 950원이던 원/달러 환율은 한때 1,600원까지 급등했다.

4. 투자자 손익

'묻지마' 펀드로 시중자금이 증시로 몰리면서 주가 버블이 심하였다. 2004년 말 주식형펀드 설정규모는 4조원에 불과하였으나 2007년 10월 144조원으로 증가하였다. 2008년 10월의 시장평균 주가수익비율(PER) 18.2배는 주가 버블의 정도를 말해 준다. 대세하락을 촉발한 계기는 글로벌 금융위기였지만 주가 수준이 높아 대세하락의 빌미는 이미 마련되어 있었다.

6차 대세하락기 전후 경제지표				
연도	2007	2008	2009	2010
GDP성장률(%)	5.1	2.3	0.2	6.1
물가상승률(%)	2.5	4.7	2.7	2.9
시중금리(%)	5.7	7.0	5.8	4.3
국제수지(억불)	59	-58	427	159

* 주 : 1. 물가상승률＝소비자물가상승률
2. 시중금리＝우량 회사채(AA-) 3년물 수익률
3. 국제수지 소수점 이하 반올림, 기타 소수점 한자리 이하 반올림

세계적인 양적완화!
7차 대세상승기

코스피지수와 GDP성장률

상승기간 : 2009년 3월~2011년 4월(2년 1개월)   **상승률** : 150.1%

2008년 10월 24일 892포인트까지 떨어졌던 코스피지수는 2011년 4월 2,231포인트로 무려 150% 상승했다. 이러한 주가상승은 중국을 제외하고 전세계적으로 나타난 현상이었다.

글로벌 금융위기로 세계 각국의 중앙은행이 금리를 사상 최저수준으로 내리고, 채권을 매입하는 등의 방법으로 시중에 막대한 규모의 유동성을 공급했다. 그 결과 점차 경제위기에서 벗어났고, 증시도 금융위기 이전 수준으로 회복되었다.

대세상승 배경

1. GDP성장률이 높아졌다.

정부가 금융기관에 직접 자금을 공급하거나 은행에 지급보증을 하는 등 미국을 비롯한 세계 각국이 같은 방향으로 공조하여 재정정책을 편 결과 최악의 유동성 위기는 넘기고 각국의 GDP성장률이 높아졌다. 한국 GDP상승률은 2009년에는 0.2%, 2010년에는 6.1%로 높아졌다.

2. 금리를 대폭 인하했다.

세계 각국의 금리인하 정책에 발맞추어 한국도 기준금리를 2008년 8월 5.25%에서 2009년 2월에는 2%로 단계적으로 인하했다.

3. 주가 하락이 깊어 주가가 기업의 가치 이하로 떨어졌다.

글로벌 금융위기를 맞아 2008년 11월에는 시장평균 주가수익비율(PER)이 8.5배 수준까지 떨어져 주가가 기업의 가치 이하로 내려갔기 때문에 금융위기에서 벗어나자마자 주가는 위기 전 수준까지 회복되었다.

4. 투자자 손익

2008년 금융위기 때 주식형펀드 투자자들은 50% 이상 손실을 보았다. 그러나 890까지 하락한 KOSPI지수가 2009년부터 상승으로 전환되기 시작했다. 따라서 펀드를 조기에 해약한 투자자들은 손실을 보았으나, 2년 이상 장기투자자들은 대부분 원금을 회복하고 수익을 실현하였다.

7차 대세상승기 전후 경제지표						
연도	2008	2009	2010	2011	2012	2013
GDP성장률(%)	2.3	0.2	6.1	3.7	2.3	3.0
물가상승률(%)	4.7	2.7	2.9	4.0	2.2	1.3
기준금리(%)	5.25	2.0	2.5	3.0	3.0	2.5
국제수지(억불)	-58	427	159	187	508	811

* 주 : 1. 자료=IMF
2. 물가상승률＝소비자물가
3. 국제수지 소수점 이하 반올림, 기타 소수점 한자리 이하 반올림

잠깐만요 : 양적완화란 무엇인가?

양적완화란 침체된 경기를 살리기 위해 중앙은행이 시중에 인위적으로 돈을 푸는 것을 말한다. 2007~2008년 세계경제는 미국발 서브프라임 모기지 사태로 유래 없는 경제침체기를 겪었다. 미국은 침체된 경제를 살리기 위해 케인즈 이론에 따라 금리를 제로금리 수준으로 내리고, 시중에 달러를 대량으로 공급했다. 미국 연방준비제도이사회는 단기 채권을 대규모로 파는 동시에 장기 채권을 사들이며 시중금리를 직접적으로 낮추는 '오퍼레이션 트위스트(Operation twist)'를 장기간 시행하였다. 채권을 사고파는 행위가 트위스트 춤과 닮았다고 하여 이런 명칭이 붙었다. 연방준비제도이사회 전의장 벤 버냉키의 과감한 양적완화 조치로 미국경제는 세계에서 가장 빠른 회복세를 보였으며, 미국의 성공사례를 본 EU, 일본 그리고 중국도 양적완화를 따라 실시하였다.

박스권 '덫'에 갇힌 증시!
2차 대세횡보기

코스피지수와 GDP성장률

횡보기간 : 2011년 5월~2016년 11월(5년 6개월)

2008년 금융위기와 2010년 유럽의 재정위기 이후 세계경제는 상당 기간 불완전한 회복세를 보였다. 한국경제도 위기에서는 벗어났으나 저성장 늪에 빠져 활기를 잃었다. KOSPI지수는 2011년 5월부터 2016년 11월까지 5년 6개월 동안 1,780포인트를 저점으로, 2,150포인트를 고점으로 하는 증시역사상 가장 긴 박스권에 갇히게 되었다. 투자자들은 2,000포인트를 넘어서면 매도에 나섰고, 1,850포인트 아래로 떨어지면 매수에 나섰기 때문에 횡보국면이 지속된 것이다.

대세횡보 배경

1. GDP성장률이 잠재성장률을 밑도는 저성장이 지속되었다.

GDP성장률은 2011~2015년 4년간 최저 2.3%(2012년), 최고 3.7%(2011년)로 평균 3%에 머물렀다. 이는 금융위기 이후 2009년 성장률 0.2%보다는 높았으나 잠재성장률인 3.5%보다는 아래여서 우리나라 경제가 저성장으로 고착화되는 현상을 보였다. 세계경제의 더딘 회복으로 인한 수출감소와 1,100조원이 넘는 가계부채로 내수소비가 줄었기 때문이다.

2. 역사상 최저금리 그리고 '초이노믹스'

저성장 늪에 빠진 한국경제를 살리기 위해 2014년 7월 최경환 부총리 겸 경제기획부 장관은 한국형 양적 완화정책인 '초이노믹스'를 발표하였다. 기업의 유보금을 배당이나 투자로 풀게 유도하여 기업이익이 가계로 흘러들어갈 수 있도록 하는 간접적 양적 완화정책이었다. 또한 금융통화위원회는 기준금리를 2012년 초 3%에서 2015년 6월 역사상 가장 낮은 수준인 1.5%로 내렸다.

3. 국제수지 흑자지속으로 원화가치 강세

장기저성장임에도 국제수지 흑자폭은 2012년 508억달러, 2013년 811억달러, 2014년 844억달러로 더욱 확대되었다. 수출감소보다 수입감소가 더 크기 때문에 생기는 불황형 흑자였다. 그럼에도 환율은 등락을 거듭했다. 달러가치가 상승하는 가운데 일본 엔화가치가 원화가치보다 더 많이 떨어져 일본과 경쟁관계에는 있는 자동차, 조선, 철강, 화학 등 한국의 주력 수출산업이 상대적으로 타격을 받았다.

4. 투자자 손익

증시의 장기횡보에 따라 주가가 코스피200 종목 기준으로 평균 PER 8배까지 낮아졌지만 뚜렷한 매수주체는 나서지 않았다.

미국을 비롯한 외국인은 양적완화 영향으로 자금이 풍부했지만 경기회복이 늦은 신흥시장보다 상대적으로 경기회복이 빠른 선진국 시장을 선호하였다.

기업실적이 호전되기를 기다리는 가운데 기관과 개인투자자들은 일정한 방향 없이 등락하는 횡보시장에서 주가가 오르면 매도하고 떨어지면 매수하는 박스권 매매를 반복했다.

2차 대세횡보기 경제지표						
연도	2011	2012	2013	2014	2015	2016
GDP성장률(%)	3.7	2.3	3.0	3.3	2.8	2.8
물가상승률(%)	4.0	2.2	1.3	1.3	0.7	1.0
기준금리(%)	3.0	3.0	2.5	2.0	1.5	1.25
국제수지(억불)	187	508	811	844	1,059	987

* 기준금리＝연말기준

장기횡보권을 뚫고 나오다!
8차 대세상승기

코스피지수와 GDP성장률

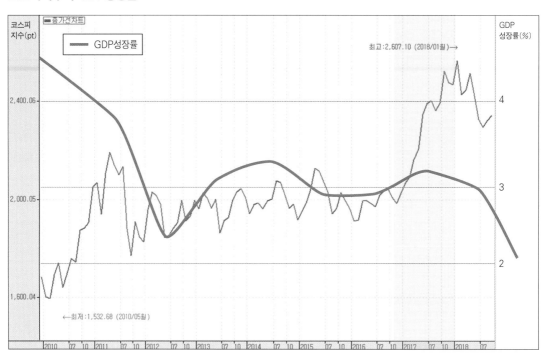

상승기간 : 2016년 11월~2017년 12월(1년 1개월)

2017년 초 코스피지수가 5년 6개월의 장기횡보권을 돌파하였다. 2016년 11월부터 상승으로 돌아선 코스피지수는 2018년 1월 2,607 포인트까지 상승했다. 이는 2016년 11월 저점 1,931포인트 대비 676포인트(35%) 상승한 수치다. 그러나 2018년부터 미중간 무역 분쟁, 미국 금리 인상, GDP성장률 둔화 등으로 주가는 급락했다.

대세상승 배경

1. 세계경제 회복과 수출증가 추세

2008년 금융위기 이후 미국, 일본, 유럽연합(EU)을 비롯하여 세계 각국이 금리를 내리고 유동성 공급을 확대한 결과 미국을 선두로 세계경제가 완만한 회복국면에 접어들었다.

한국의 경우 2011년 11월부터 수출이 증가세로 돌아서며 9개월 연속 두자리 수의 증가추세를 이어갔다. 반도체 수출이 급증하였고, 조선과 석유화학도 수출증가 추세에 힘을 실어주었다. 중국이 사드 문제로 한국에 가한 각종 규제 속에서도 이룩한 성과여서 더욱 의미가 있다.

이러한 상승추세 덕분에 2017년 7월 말 정부는 2017년 GDP성장률 전망치를 연초 2.7%에서 3%로 무려 0.3%나 올렸다. 그동안 낮추기에만 급급했던 GDP성장률 전망치를 올리는 것은 이번에 처음 있는 일이었다.

2. 역사상 최저 금리와 풍부한 유동성자금

한국은행은 금융위기 전 5.5%이던 기준금리를 지속적으로 내려, 2016년 6월에는 역사상 최저 금리인 1.25%까지 내렸다. 국제수지 흑자가 장기간 이어져 현금자산이 풍부해졌고, 그 결과 시중의 유동성자금이 부동산과 주식시장으로 옮겨가기 시작했다.

또 미국은 경제지표가 금융위기 이전 수준으로 회복되자 2015년 12월부터 기준금리를 서서히 올리는 동시에, 연방준비은행(Fed)의 자산규모를 2017년 하반기부터 축소하며 양적긴축 정책을 펼칠 것으로 보인다.

3. 저평가된 주식시장

2016년에 이어 2017년에도 상장기업의 수익성은 크게 좋아졌지만, 시장평균 PER는 10배 이하로 머무르고 있었다.(코스피200 상장기업 기준) 해외 주요 증시의 PER이 12~18배 수준인 점을 감안하면 주가가 외국에 비해 상대적으로 저평가되어 있었다. 외국인은 2017년 초부터 저평가된 한국증시에서 대기업과 금융주 중심으로 대거 매수했다.

4. 세계증시 상승랠리

미국의 경우 GDP성장률이 잠재성장률까지 회복되었으며 실업율도 금융위기 이전 수준으로 낮아졌다. 그 결과 금융위기 직후인 2009년 3월 667포인트까지 떨어졌던 S&P지수가 2018년 9월에는 2,940포인트가 되었다. 이는 약 10년간 지속적으로 상승한 것으로 저점 대비 무려 340%나 오른 것이었다. 2009년 3월 금융위기 때 다우지수는 6,470포인트, 나스닥지수는 1,266포인트였으나 2018년 10월에는 각각 26,951포인트, 8,133포인트로 상승했다.

2018년 10월까지 약 10년에 걸쳐 다우지수는 4.1배, 나스닥지수는 6.4배로 유래 없는 장기 대세상승이 이어졌다. 중국을 제외한 유럽연합과 신흥국들도 금융위기 이전의 고점을 모두 돌파한 상황이다. 저금리와 풍부한 유동성을 바탕으로 하는 세계적 증시랠리에 한국도 조금 늦게 동참하였으나 선진국과 비교해서 상승률은 상대적으로 낮았다.

8차 대세상승기 전후 경제지표					
연도	2015	2016	2017	2018	2019
GDP성장률(%)	2.8	2.8	3.1	2.9	2.0
물가상승률(%)	0.7	1.0	1.9	1.5	0.4
기준금리(%)	1.5	1.25	1.5	2.5	1.25
국제수지(억불)	1,051	979	752	774	599

* 기준금리＝연말기준
* 자료: e-나라지표

미·중 무역분쟁과
코로나 팬데믹!
7차 대세하락기

코스피지수와 GDP성장률

하락기간 : 2018년 1월~2020년 3월(2년2개월)

2018년 1월부터 2020년 3월까지 증시는 대세하락기였다. 이 기간 코스피는 2018년 1월 2,607.10에서 2020년 3월 19일 1,439.43으로 44.8% 하락했고, 코스닥도 2018년 2월 932.01에서 2020년 3월 19일 419.55으로 55.0% 하락했다.

대세하락 배경

증시 하락배경은 미국과 중국의 무역분쟁이 크게 작용했다. 국내적으로는 반시장적, 친노동정책으로 기업이 어려워졌다. 경제가 어려운 가운데 2020년 2월부터 코로나 팬데믹(세계적 대유행)은 일정 기간 경제와 증시를 마비시켰다.

1. 미·중 무역분쟁으로 수출 부진

미·중 무역분쟁은 2018년 중국의 세계적 규모의 통신장비 업체 화웨이에 대한 제제를 시작으로 본격적으로 불거졌다. 화웨이가 미국의 국가 기밀과 기술정보를 빼 간다는 것이 제제의 이유였다. 그러나 좀 더 근본적인 이유는 GDP 규모 세계 2위인 일본을 멀찌감치 따돌리고 미국에 도전장을 내민 중국을 보고만 있을 미국이 아니었다.

100년 넘게 세계 무대를 제패해온 미국은 기술 패권에 도전장을 낸 중국에 공격적인 무역 관세를 부과하였다. 그 결과 중국의 대미수출은 감소로 돌아섰고, 중국 수출 의존도가 높은 한국도 수출이 감소하였다. 2020년 초 '미·중 1단계 합의'가 이뤄졌지만, 잠정적인 합의일 뿐 '기술패권'이라는 근본적인 문제는 앞으로도 계속될 것이다.

설상가상으로 한일간의 무역분쟁까지 겹쳐 한국경제는 더욱 어려워졌고 증권시장은 OECD 국가에 비해 상대적으로 부진하였다.

2. 반시장적 친노동정책으로 투자 부진

문재인 정부가 들어선 후 최저임금의 급격한 인상, 주 52시간 근무제 도입, 법인세 인상, 소상인 보호를 위한 대기업 진출 제한 등 반시장적, 친노동 정책이 시행되었고 이는 기업의 투자를 위축시켰으며 경제와 증시가 어려워진 것에 일조했다.

GDP성장률은 2017년 3.1%에서 2018년 2.9%, 2019년 2.0%로 떨어져 잠재성장률 2.7%를 밑돌았다. 경제가 대내외적으로 어려운 가운데 2020년 코로나 팬데믹이 발생하여 IMF 외환위기(1997~1998년), 글로벌 금융위기(2008년)에 이어 마이너스 GDP 성장률을 기록할 것으로 예상된다.

3. 코로나 팬데믹으로 증시폭락

2019년 12월 시작된 코로나19는 2020년 1월 20일 한국에서 첫 확진자가 나타났다. 이후 아시아, 중동, EU를 거쳐 미주지역까지 확대되었다. 2020년 8월 4일 기준 세계적으로 확진자 1,817만명, 사망자 69만명(국내확진자 14,400명, 사망자 301명)에 이르는 대재앙이 발생한 것이다. 각국 정부는 '도시 봉쇄', '사회적 거리두기' 등의 조치를 취했고 경제는 마비되고 주가는 폭락했다. 생산보다 항공, 숙박, 여행 등 소비가 크게 충격을 받았다. 안전자산인 달러와 금 가격은 급등했고, 유가와 더불어 원화가치도 폭락했다. 주가는 1929년 세계대공황 이후 가장 낙폭이 컸다. 한 달 남짓한 기간 동안 코스피는 36.8%, 코스닥은 39.4% 폭락했다.

4. 증시 극적인 'V'자 반등 배경
1) 세계 각국의 공격적인 금융정책과 재정정책 시행
팬데믹으로 세계 경제가 마이너스 성장이 예상되자 각국 정부는 신속하게 공격적 금융정책과 재정정책을 펼쳤다. 미국 연방준비제도

(Fed)는 기준금리를 제로(0) 수준으로 낮추고 국채와 회사채 등의 자산을 대규모로 매입하는 양적완화에 착수했다. 미국은 7조 6,000억 달러, 유럽은 6조 2,500억 유로(원화로 총 1경 7,000조원)를 쏟아붓기로 했다. 한국도 기준금리를 사상 최저수준인 0.5%로 낮추고, 긴급 구호자금 등 막대한 자금을 투입했다.

2) 주가 폭락과 동학개미운동

주가의 단기 폭락으로 2020년 3월에는 PBR(주가순자산비율) 수치가 0.6배까지 내려왔다. PBR 0.6배란 주당자산가치(또는 청산가치)의 60% 선까지 주가가 하락했다는 뜻이다. 개인투자자들은 이를 '주식을 싸게 살 수 있는 절호의 기회'라 판단하고 대거 증권시장에 들어왔다. 이때 신규로 증권계좌를 개설한 주 연령대는 20대~40대 초반이며 여성의 비중이 높았다. 개인투자자가 2020년 1월 2일부터 5월 17일까지 외국인의 매도물량(25조원)과 기관의 매도물량(10조원)을 매수하였기 때문에 '동학개미운동'이라고 불렀다.

3) 유동성 장세 출현과 4차산업

예금금리가 낮아진 상태에서 부동산은 이미 많이 올랐는 데다 정부의 강력한 규제가 있어 시중 부동자금은 증권시장으로 대거 유입되었다. 고객예탁금은 2019년 말 기준 27조원에서 2020년 6월 26일 기준 사상 최고 수치인 50조원을 돌파하였다. 코로나 사태로 풀린 자금이 산업자금으로 흘러 들어가지 않고 자산시장으로 유입되어 전형적인 유동성장세로 나타난 것이다.

코로나19가 확산된 이후 사회경제적으로 가장 두드러진 변화는 '비대면(Uncontact)'과 '디지털화'라 할 수 있다. 원격근무(재택근무), 원격교육, 원격진료, 디지털뱅킹, 온라인상거래 등이 일상화되고 있으며 이에 따라 인공지능(AI), 로봇, 빅데이터의 활용도가 높아졌다. 이러한 변화는 ICT 인프라가 전제되어야 가능하기 때문에 4차산업(5G, 자율주행, 2차전지, 수소차, 반도체, 온라인플랫폼 등)이 증권시장에서 주도주로 부각하였다. 또한 건강에 대한 관심이 높아짐에 따라 제약, 바이오, 헬스케어가 유망테마주로 등극하였다.

7차 대세하락기 전후 경제지표

연도	2017	2018	2019	2020(E)
GDP성장률(%)	3.1	2.9	2.0	-0.8
물가상승률(%)	1.9	1.5	0.4	
기준금리(%)	1.50	2.50	1.25	0.50
국제수지(억불)	752	774	599	

* 기준금리＝연말기준, 예상전망＝OECD(2020년 8월)
* 자료 ＝ e-나라지표

⑤ 잠깐만요 : 신3저(低)로 대세상승 가능할까?

80년대 증시대호황을 만들었던 3저(低)가 2020년에 다시 나타나고 있다. 3저란 저금리, 저유가, 원화가치 하락을 말한다. 횡보하는 증시는 언젠가 위로든 아래로든 방향을 결정한다. 1980년대 후반과 2020년, 각각의 시기에서 가장 비슷한 점은 저금리, 저유가, 국제수지 흑자다. 아래 표를 비교해 보면 이해가 쉬워질 것이다.

1980년대 후반과 2020년 증시상승 요인 비교

	1980년대 후반(1986~1989)	2020년
저금리	30% → 12% 오일쇼크로 침체된 경제를 살리기 위해 세계각국이 금리인하 → 유동성 장세	5.5% → 0.50%(기준금리) 코로나로 사상 초저금리 → 유동성 장세
저유가	35달러 → 8달러(77% 하락) OPEC회원국간의 시장점유율 확대경쟁	70달러 → 30달러 이하(일시적으로 마이너스) 코로나19로 수요 공백 사태 발생
국제수지	적자 → 흑자전환, 수출증가	흑자 지속
경제상황	세계 및 국내 경제가 호황	코로나 팬데믹으로 세계 및 국내 경제가 최악. 이후 기저효과로 상대적인 호황 예상
코스피 지수	장기횡보(1982년 6월~1985년 6월) 후 139 → 1,007(4년 3개월 동안 약 7.2배 상승)	주가 폭락(코스피 -36.8%, 코스닥 -39.4%) 후 V자 반등

한국증시 역사로 본 대세에 따른 경제요인 요약

1. 대세상승이 이어질 때

1) GDP성장률이 높거나(잠재성장률과 비교해서 판단) 상승추세이다.

2) 물가상승률이 높지 않다.

3) 금리 수준이 낮다(경제성장률과 비교해서).

4) 국제수지는 흑자폭이 크면 클수록 대세상승이 강하다.

5) 주가수익비율(PER)이 높지 않다(주가 버블이 크지 않다).

2. 상승 대세가 하락으로 전환될 때

1) 높았던 GDP성장률이 낮아진다.

2) 물가가 높다(고물가는 조만간 금리를 올린다는 신호다).

3) 금리를 더 이상 올리지 않거나, 또는 금리를 내린다.

4) 국제수지가 적자로 전환될 것이라는 매스컴의 보도가 나온다. 또는 흑자
   폭이 크게 줄어들 것이라는 예측이 나온다.

5) 주가 버블이 심하다. 예상 주가수익비율(PER)이 약 15배 이상 높아진다
   (MSCI Korea 기준 예상 PER가 13배 이상 높아진다).

6) 경제 또는 금융 면에서 해외로부터 충격적인 사건이 보도된다.

3. 대세하락이 이어질 때

1) GDP성장률이 낮거나(잠재성장률과 비교해서 판단) 하락추세이다.

2) 물가가 높은 수준에 머무르고 있다.

3) 금리를 계속해서 내린다.

4) 국제수지가 적자이거나, 계속해서 흑자폭이 줄어들고 있다.

5) 예상 주가수익비율(PER) 수준으로 볼 때 주가가 결코 싸다고 생각되지
   않는다.

4. 하락 대세가 상승으로 전환될 때

1) GDP성장률이 2분기 이상 상승하고 연간 기준으로 잠재성장률을 상회한다.
   특히 마이너스(−)에서 플러스(+)로 전환될 때 주가 상승률도 높다.

2) 물가상승률이 안정되어 간다.

3) 금리를 더 이상 내리지 않는다. 또는 금리가 하락에서 상승으로 전환될 것
   이라는 전망이 나온다.

4) 적자이던 국제수지가 흑자로 전환될 것이라는 전망이 나오거나 흑자 규모
   가 커진다는 예측이 보도된다.

5) 예상 주가수익비율(PER)이 10 이하로 내려가 주가가 기업의 가치 이하
   로 떨어져 있다.

3단계 체크로
증시 대세를
판단한다!

둘째마당에서는 증시 대세에 영향을 미치는 경제적인 요인들, 셋째마당에서는 증권시장 역사로 볼 때 공통적으로 나타나는 경제요인을 확인했다. 이번 마당에서는 대세를 판단하는 구체적인 방법을 '3단계 체크리스트'를 제시하고, 지금까지 배운 것을 토대로 '무작정 따라하기' 형식으로 대세판단 실습을 해보자.

The Cakewalk Series –
Understanding stock market cycle to get high profits

1단계
GDP갭으로 호황, 후퇴, 불황, 회복기를 판단한다

경기진단의 1차 지표, GDP갭

경제는 마치 살아 있는 생물과 같아 별다른 문제가 없어도 호황, 후퇴, 불황, 회복의 사이클을 그리며 순환한다. 그리고 하나의 국면으로 진입하면 상당한 기간 지속되는 특징이 있다.

증권시장은 이와 같은 경제상황을 반영하는 거울이다. 따라서 경제가 호황이면 증시 대세는 상승하고, 경제가 후퇴하면 상승하던 대세가 하락으로 전환된다. 그리고 경제가 불황이면 증시 대세는 깊게 하락하고, 경제가 회복기로 접어들면 주가는 하락에서 상승으로 전환된다.

경제가 호황기냐 후퇴기냐 불황기냐 회복기냐를 판단하는 1차적인 기준은 GDP갭이다.

$$\text{GDP갭} = \text{GDP성장률} - \text{GDP잠재성장률}$$

GDP성장률이 잠재성장률보다 높으면 높을수록, 즉 GDP갭이 플러스(+)로 그 값이 크면 클수록 경제는 호황이다.

그리고 호황의 길이와 깊이에 따라 증시 대세상승의 기간과 높이가 좌우된다.

반면에 GDP성장률이 잠재성장률에 비해 낮으면 낮을수록, 즉 GDP갭이 마이너스(−)로 커질수록 경제는 불황이다. 그리고 불황의 기간과 깊이에 따라 증시 대세의 하락 정도가 결정된다.

경기 사이클의 국면별 특징

1) 호황기

• GDP성장률이 잠재성장률보다 높고 향후에도 지속될 전망이다.

• 물가상승률도 적절히 통제되고 있다.

• 저금리가 유지되거나 경제호황으로 금리가 점차 상승한다.

• 원화 가치가 점진적으로 올라가고, 국제수지 흑자폭도 크다.

⇨ 대세상승이 이어진다.

2) 후퇴기

• GDP성장률이 점차 낮아지고 소폭이지만 잠재성장률 아래로 하락하기도 한다.

• 물가상승률이 높은 경우가 많다.

• 수차례 금리를 올린 결과 금리 수준이 높다. 또한 경기 하락으로 금리를 더 이상 올리지 못하고 올리던 금리를 오히려 내리려고 한다.

• 원화 강세가 멈추고, 국제수지 흑자폭이 점차 감소한다.

• 해외에서 경제에 관한 돌발악재가 발생하기도 한다.

⇨ 증시 대세는 상승에서 하락으로 전환된다.

3) 불황기

• GDP성장률이 3분기 이상 연속적으로 하락한 결과 잠재성장률

밑으로 크게 떨어지거나 심한 경우 마이너스 성장이 예상된다.

- 경기불황으로 금리를 계속해서 내린다.
- 원화 가치가 약세로 전환되고, 국제수지는 흑자폭이 대폭 감소하거나 적자로 전환될 것이라고 한다.

⇨ 증시 대세는 하락을 지속한다.

4) 회복기

- GDP성장률이 2분기 이상 연속해서 상승으로 전환되고, 연간기준으로 잠재성장률 이상 높아질 것으로 예상된다.
- 물가가 높지 않다.
- 금리는 더 이상 하락하지 않거나 오히려 올리려고 한다.

⇨ 증시 대세는 하락에서 상승으로 전환된다.

GDP갭으로 증시 대세판단하기

문제
01

다음 중 경기 후퇴기가 아닌 것을 고르시오.

ⓐ 수차례 금리를 올린 결과 금리가 상당히 높아졌고 더 이상 올리는 것은 무리라고 한다.

ⓑ 국제수지 흑자폭이 대폭 줄어들고 있다.

ⓒ GDP성장률이 3분기 이상 연속으로 하락하고 연간 기준으로 잠재성장률 이하로 내려 갈 것이라고 한다.

ⓓ GDP성장률이 2분기 이상 연속 상승하여 연간 기준으로 잠재성장률 이상으로 높이질 것이라고 한다.

ⓔ 금리를 더 이상 올리지 못하고 이제는 내릴 것이라고 한다.

해설

ⓓ만 경제회복에 관한 설명이고 나머지는 모두 후퇴기 설명이다. 정답은 ⓓ

문제
02

다음은 증시 대세상승이 예상되는 경우이다. 틀린 것을 고르시오.

ⓐ 한국의 잠재성장률이 4%인데 금년도 예상 GDP성장률이 6%라고 한다.

ⓑ 미국의 잠재성장률은 1.5%인데 금년도 예상 GDP성장률이 3%라고 한다.

ⓒ 독일의 잠재성장률은 0.8%인데 금년도 GDP성장률이 1.5%라고 한다.

ⓓ 한국의 잠재성장률이 4%인데 금년도 예상 GDP성장률이 2.5%라고 한다.

해설

증시 대세상승기는 대부분 GDP성장률이 잠재성장률보다 높은 경우이다. ⓐ의 경우 GDP 갭이 2%(6%-4%)이고, ⓑ는 1.5%(3-1.5), ⓒ는 0.7%(1.5-0.8), ⓓ는 -1.5%(2.5-4)이 다. 정답은 ⓓ

다음 중에서 증시 대세가 상승으로 예상되는 경우와 하락으로 예상되는 경우를 고르시오. (복수 선택 가능)

ⓐ 중진국인 A는 잠재성장률이 3%인데 작년 GDP성장률이 1%였고 금년과 내년에는 각각 2%, 4%가 예상된다고 한다.

ⓑ 이머징국가인 B는 잠재성장률이 8%인데 작년 GDP성장률이 8%였고, 금년과 내년의 GDP성장률은 각각 4%, 6%로 예상된다고 한다.

ⓒ 잠재성장률이 4%인 C국가는 GDP성장률이 작년 2%였고, 금년과 내년에는 6%, 5%라고 한다.

ⓓ D국가는 잠재성장률은 알 수 없고 GDP성장률이 작년에 9%였는데 금년과 내년에는 각각 6%, 4%로 전망된다고 한다.

해설

GDP성장률이 잠재성장률보다 높거나 추세적으로 높아지면 대세상승, GDP성장률이 잠재성장률보다 낮거나 추세적으로 낮아지면 대세하락으로 일단은 전망한다. 정답은 대세상승 예상은 ⓐ, ⓒ, 대세하락 예상은 ⓑ, ⓓ

2단계
물가상승률을 체크한다

물가는 주가와 역행한다. 그러나 적당한 물가 상승은 증시 상승에 도움이 된다. 경제가 성장하는 과정에서 물가도 상승하는 것은 극히 자연스러운 현상이기 때문이다. 물론 물가가 상승(인플레이션)한다고 무조건 증시가 상승하는 것은 아니다.

물가 상승이 증시 상승으로 이어지려면?

물가 상승이 증시 상승에 있어 우군이 되려면 최소한 다음 두 가지가 충족되어야 한다.

첫째, GDP성장률이 높아야 한다.

경제성장률이 저조한데 물가만 높다면 증시는 최악의 환경이라고 할 수 있다.

둘째, 물가상승률이 GDP성장률과 금리보다 낮아야 한다.

물가상승률이 GDP성장률이나 금리보다 높다면 실물자산에 투자하는 것이 사업을 하거나 은행에 저축을 하는 것보다 유리할 것이다. 따라서 물가상승률은 정부가 목표로 하는 수치 이내여야 좋다. 2000년 이후 한국의 물가관리 목표는 2%를 기준으로 하여 1.5~3.5%이다.

물가, 높아도 낮아도 증시엔 악재

물가상승률이 적정 상승률을 넘어설 때는 GDP성장률이 높다고 하더라도 조만간 금리 상승이 예상되므로 증시 상승추세는 하락으로 전환될 가능성이 높다. 물가 상승→금리 인상→기업 수익성 악화→주가 하락으로 이어지기 때문이다.

반대로 물가가 하락하는 경우(디플레이션)는 경제가 침체된 경우로 증시는 상승하기 어렵다.

GDP성장률이 잠재성장률보다 낮은 가운데 물가상승률마저 높은 경우(스태그플레이션)는 경제가 최악인 상태로 증시는 대세하락을 한다.

경제성장률과 물가로 증시 대세판단하기

문제 01

다음 중 대세상승이 예상되는 경우를 고르시오.

ⓐ 이머징국가 A는 예상 GDP성장률이 9%로 높아 대세상승이 이어지고 있다. 그런데 작년 3%이던 물가상승률이 금년에는 6%이다.

ⓑ 선진국인 J는 예상 GDP성장률이 0.4%인데 물가상승률은 -1%라고 한다.

ⓒ 중진국 T는 예상 GDP성장률이 5%인데 물가상승률은 2%라고 한다.

ⓓ K국가는 예상 GDP성장률이 2%인데 물가상승률이 3%라고 한다.

> **해설**
>
> ⓐ의 경우 물가상승률이 높기 때문에 상승하던 증시가 하락으로 전환될 가능성이 높다. ⓑ는 디플레이션의 경우로 증시가 상승하기 어렵다. ⓓ는 경제성장률에 비해 상대적으로 물가가 높기 때문에 증시가 상승하기 어렵다. 정답은 ⓒ

문제 02

다음 중 가장 적절하지 못하다고 생각되는 것을 고르시오.

ⓐ GDP성장률이 높고 저물가, 저금리일 때는 증시가 상승을 보일 경우가 많다.

ⓑ GDP성장률이 높고 저물가, 저금리지만 시장PER가 18배로 높을 경우에는 조만간 시장이 하락할 가능성이 높다고 보아야 한다.

ⓒ GDP성장률과 물가가 모두 하락하면 증시도 하락할 가능성이 높다.

ⓓ 물가와 금리가 높지만 GDP성장률에 변화가 없으므로 지금의 상승추세가 더 지속된다고 전망한다.

> **해설**
>
> GDP성장률이 높고 물가상승률과 금리가 낮을 경우 증시 대세는 상승을 보일 경우가 많다 정답은 ⓓ

3단계
일드갭을 계산해 본다

경제란 일반 국민들이 피부로 느끼는 것과 다를 수 있다. 주식투자 자라면 막연하게 주위 사람들이 떠드는 소리에 귀를 기울일 것이 아니라 1~2단계에서 체크해 본 것처럼 구체적인 수치로 확인해 보아야 경제가 좋은지 나쁜지를 판단할 수 있다. 그리고 경제의 호불황을 판단할 때는 가장 먼저 GDP성장률을 보아야 하고, 그 이외에도 물가상승률과 금리를 고려해야 한다. 특히 금리는 금리 수준과 금리 방향을 함께 체크할 필요가 있다. 또한 두번째 마당에서 확인한 환율과 국제수지도 고려한다. 그리고 마지막으로 기업의 실적인 시장EPS도 함께 고려하는 것이 대세판단에 도움이 된다는 점을 기억하기 바란다.

주식투자를 하기에 적당한 시기는 언제인가?

앞의 1~2단계에서 경제가 호황, 후퇴, 불황, 회복 중 어느 단계에 있는지를 판단했다면 마지막으로 '주식투자를 하기에 적당한 시기'는 언제인가를 체크해 보아야 한다.

경제가 호황에서 후퇴기로 바뀌면 주식시장에서 빠져나와야 한다.

그리고 호황이 지속되고 있는 경우라도 주가가 많이 올라 주가에 버블이 끼었을 때는 수익을 내기는 어렵고 손해를 보기는 쉽다. 따라서 최소한 주식투자를 하는 것이 예금이나 국공채 같은 안전자산에 투자하는 것보다 유리하다는 계산이 설 때까지만 주식에 투자를 한다.

경제가 불황일 동안은 주식시장을 떠나 안전자산에 머물러 있는 것이 유리하다. 그러나 불황일 경우에도 증권시장이 지나치게 과민반응을 나타내어 주가가 기업의 가치 이하로 폭락한 경우에는 주식을 사모아야 한다. 주가가 기업의 가치에 비해 지나치게 폭락했다고 보는 판단기준은 예상 주식투자 수익률이 예금이자율보다 높을 경우이다.

경제가 불황에서 벗어나 회복기로 전환되면 적극적으로 주식에 투자하여야 한다. 회복기 판단을 조기에 한 투자자는 높은 투자수익률로 보상받을 수가 있다.

ⓢ 잠깐만요 : 안전자산이란?

위험이 없는 금융자산으로 무위험자산이라고도 한다. 금융자산에는 채무불이행 위험, 가격변동 위험, 인플레이션으로 인한 실질가치 변동 위험 등이 있다. 금융자산 중 가장 안전한 자산은 국채이고 그 다음으로는 은행 예금이나 증권사 CMA, 우량 대기업 회사채 순이다. 반대로 상대적으로 불안전한 자산은 일반 회사채, 주식 등을 꼽을 수 있다.

그렇다면 무위험자산은 정말 안전할까? 예금이 안전자산이라고 하지만 금융기관이 파산할 경우에는 1인당 5천만원까지만 예금보험공사가 보장해 준다. 국채도 전쟁과 같은 국가위기가 발생하면 폭락할 수도 있다. 실물 중 가장 안전한 자산은 금이다. 그러나 금도 가격변동이 심하므로 절대적으로 안전한 자산은 존재하지 않고 상대적 안전자산이 있을 뿐이다.

일드갭이 플러스면 적극적 투자, 마이너스면 안전자산으로!

주식투자를 하기에 적당한 시기인가를 판단하는 기준은 일드갭(Yield Gap)이다. 즉 예상 주식투자 수익률이 안전하게 수익을 얻을 수 있는 이자율(예금이나 국공채 수익률)보다 높을 때만 주식투자를 하는 것이다.

다시 말해서 일드갭을 계산해 보고 플러스(+)일 때는 적극적으로 주식투자를 하는 것이 유리하고, 일드갭이 마이너스(-)일 때는 주식시장에서 빠져나와 안전자산인 예금이나 국공채에 투자를 하는 것이 유리하다는 말이다.

일드갭 계산하기

일드갭을 계산하는 공식은 다음과 같다.

일드갭 = 주식투자 예상수익률 — 확정부 이자율

1. '주식투자 예상수익률'은 어떻게 계산하나?

신도 모른다는 주식투자 예상수익률을 어떻게 계산한단 말인가? 일단 의심이 가지 않을 수 없다.

워렌 버핏의 스승이자 가치투자이론의 창시자이며 현대적 투자이론을 정립한 벤자민 그레이엄(Benjamin Graham)은 "주식투자 예상수익률은 주가수익비율(PER)의 역수에 100을 곱해서 %로 나타낸 것이다"라고 했다.

이 말을 수식으로 표현하면 다음과 같다.

주식투자 예상수익률(%) = (1 ÷ PER) × 100

도대체 PER의 역수라는 것이 어떤 의미를 가지기에 주식투자 예상 수익률이라 하는가?

PER란 한 회사의 현재 주가를 주당순이익(EPS)으로 나눈 것이다.

PER(주가수익비율) = 주가 ÷ 주당순이익(EPS)

독자들의 이해를 돕기 위해 쉬운 예를 들어보겠다.

A라는 회사의 주당순이익(EPS)이 5,000원인데 현재 주가가 60,000원이라면 이 회사의 PER는 12배이다(60,000÷5,000=12).

이를 바꾸어 말하면 A라는 회사처럼 1년에 주당 5,000원씩 벌면 주가만큼 버는 데 12년이 걸린다는 뜻이기도 하다. PER가 10인 회사의 경우는 주가만큼 벌려면 10년이 걸린다는 뜻이고, PER가 20이면 20년이 소요된다는 뜻이며, PER가 50이면 50년, PER가 100이면 100년이 걸린다는 뜻이다.

PER가 마이너스인 회사는 지금처럼 적자를 지속할 경우 일정한 기간이 지나면 망할 수 있다는 의미이기도 하다.

오래 전에 친구와 함께 대구에 있는 수성못 유원지에 놀러 간 일이 있다. 그곳에는 못둑을 따라 똑같은 모양의 꽤 큰 규모의 포장마차들이 수십 개 줄지어 있었다. 우리는 어느 집에 들어갈야 할지 몰라 간판의 글귀를 보고 포장마차를 선택하기로 했다. 재미나는 간판들을 읽으며 걷고 있는데 '곧 망할 집'이라는 특이한 간판이 눈에 들어왔다. 우리는 '어떤 집이기에 곧 망한다'고 할까라는 궁금증이 일어 가게 안으로 들어가 보았다.

그런데 놀랍게도 그 가게만 손님들이 만원을 이루고 있었다. 음식값도 쌌다. 나는 포장마차 주인의 기발한 아이디어에 감탄하면서 엉뚱하게 주식시장이 머리에 떠올랐다. 주식시장에서도 대부분의

알아두세요

주당순이익(EPS)은 기업이 벌어들인 순이익(당기순이익)을 회사가 발행한 총주식수로 나눈 값(당기순이익÷발행주식수)으로, 기업의 수익성을 비교할 때 참고하는 지표다.

개인투자자들이 고가의 우량 대형주는 기피하고 PER가 50이 넘는 기업이나 적자기업에 몰리는 경향이 있다. 주가가 싸고 주가가 단기에 급등락할 수 있다는 게 그 이유이다.

자, PER의 의미를 알아보았으니 이번에는 PER의 역수(1÷PER)의 의미를 알아보자.

'(1÷PER)×100'이란 공식에서 'PER=주가÷주당순이익(EPS)'이므로 PER 대신에 '주가÷주당순이익(EPS)'을 대입해 보자.

그러면 결국 '[주당순이익(EPS) ÷ 주가] × 100'이 된다.

주식투자 예상수익률(%) = [주당순이익(EPS) ÷ 주가] × 100

앞에서 예를 든 A회사의 경우를 적용해 보면, (5,000원÷60,000원) × 100 = 8.33%가 된다.

즉 A회사 주식을 주당 60,000원씩에 매수하면 연 8.33% 투자수익이 예상된다는 뜻이다.

그런데 우리가 알려고 하는 것은 개별주식 투자수익률이 아니라 증권시장 대세이다. 따라서 상장기업 전체 투자수익률을 계산하면 된다. 이는 개별기업의 PER 대신 시장PER를 구해서 대입하면 될 것이다.

시장PER란 전체 상장기업의 시가총액을 전체 상장기업의 당기순이익을 합친 금액으로 나눈 것이다. 즉 전체 주식시장의 주가수익비율(PER)이라 보면 될 것이다.

시장PER(배)=전체 상장기업 시가총액 ÷ 전체 상장기업 당기순이익의 합

위의 공식을 이용해서 시장PER에 따라 주식투자 예상수익률이 얼마나 되는지 알아보자.

시장PER와 예상 주식투자 수익률		
시장PER(배)	PER의 역수 × 100	예상 주식투자 수익률(%)
8	1 ÷ 8 × 100	12.5
10	1 ÷ 10 × 100	10.0
12	1 ÷ 12 × 100	8.3
15	1 ÷ 15 × 100	6.7
20	1 ÷ 20 × 100	5.0
40	1 ÷ 40 × 100	2.5
60	1 ÷ 60 × 100	1.7
100	1 ÷ 100 × 100	1.0

위 표를 보면 PER가 낮을수록 주식투자 예상수익률이 높고, PER가 높아질수록 주식투자로 수익을 내기가 어려워진다는 것을 한눈에 알아볼 수 있다.

따라서 매스컴에서 시장PER가 8배라고 발표하면 '주식투자를 하면 1년에 12.5% 정도 수익이 가능하겠구나'라고 바꿔 생각하면 된다. 시장PER가 15배라면 '주식투자 수익률이 연 6.7% 정도' 된다는 말이다.

여기에 변수가 있다면 우리가 근거로 삼는 PER가 기업의 예상실적을 근거로 한 예상PER(주가수익비율)라는 점이다. 경제가 급변할 때는 제아무리 잘나가는 애널리스트라 해도 기업실적에 관한 예측이 어긋나는 경우가 있다. 바로 그렇기 때문에 투자자 나름의 경제예측이 필요한 것이다. 그래서 증권시장이 크게 변동할 때는 투자경험이 많은 사람이 유리할 수 있다.

시장PER는 주식시장이 저평가되어 있는지 고평가되어 있는지를 알아보는 지표이다.

시장PER(배)＝전체 상장기업 시가총액÷전체 상장기업 당기순이익의 합

시장PER를 볼 때 두 가지 유의해야 할 것이 있다.

첫째, 시장PER는 지난 실적에 의한 PER보다 향후 실적에 의한 예상 시장PER가 더 중요하다는 사실이다.

둘째, 시장PER는 주가가 상승할수록 높아지고, 경제가 좋아 기업의 수익이 많아질수록 낮아진다는 점이다.

그럼 예상 시장PER는 어떻게 알 수 있는가?

지난 연도를 기준으로 하는 시장PER는 거래소 사이트(www.krx.co.kr)와 일반 경제신문에 매일 발표되고 있다.

거래소사이트(www.krx.co.kr)에 발표된 시장PER(＝주가이익비율, 주가수익비율)

예상 시장PER는 경제연구소 애널리스트들이 예측하여 증권회사 자료(연간, 계간, 월간 등의 자료)에 발표하거나 경제신문 또는 HTS에 게재하기도 한다.

특별히 블룸버그 사이트(www.bloomberg.com)에는 우리나라 100여개 우량 대형주로 구성된 'MSCI Korea 예상 PER'를 게재하고 있다. 외국인들은 'MSCI Korea 예상 PER'를 기준으로 한국증시를 판단한다. 하지만 유료 사이트이기 때문에 일반투자자는 보기가 쉽지 않아 경제신문을 열심히 읽어보는 수밖에 없다.

블룸버그 사이트(www.bloomberg.com)

참고로 MSCI지수란 미국 투자은행인 모건스탠리의 자회사인 '모건스탠리 캐피탈 인터내셔널'이 만든 모델 포트폴리오 지수이다. 전세계 1,200여개 기관투자가들이 이 지수를 참고하여 투자전략을 짠다. MSCI지수에는 23개 선진국을 대상으로 하는 MSCI 선진국지수(MSCI World Index), 22개 신흥국을 대상으로 하는 MSCI EMI(Emerging Markets Index) 지수, 이 둘을 합친 MSCI ACWI(All Country World Index) 지수 등 다양한 지수가 있다.

2. '확정부 이자율'이란 무엇인가?

확정부 이자율은 예금이나 국공채와 같이 위험을 부담하지 않고 받을 수 있는 이자율, 즉 무위험 이자율이라고 한다. (주식은 주가 변동이 심하여 이자는커녕 원금 손실을 볼 위험이 있으므로 대표적인 위험자산이다.)

물론 예금도 금융기관이 파산할 경우 원금의 일부를 날릴 수 있으며(공적 기관인 예금보험공사에서 1인당 5천만원까지는 보장해 준다), 정부가 발행한 국채도 전쟁과 같은 극단적인 상황을 맞이하면 가격이 폭락한다. 하지만 그럴 가능성은 매우 낮고 특히 주식에 비하면 위험이 없다고 볼 수 있기 때문에 무위험 이자율이라고 한다.

 잠 깐 만 요 : **확정부 이자율, 어떻게 확인하나?**

증권회사 HTS를 이용하면 CMA, CD, CP, 국공채, 회사채 등의 금융상품의 현재 이율을 볼 수 있다. 또한 대부분의 증권회사 홈페이지 초기화면에는 국고채 3년, 회사채 3년, CD(91일) 금리가 공시되어 있다.

구분	지수	대비	등락	거래량(천)	상승		하락		보합	조회
KOSPI	1,974.60 ▼	0.85	0.04	452,059	389 (↑	2)	509 (↓	0)	59	조회일시
KOSDAQ	672.07 ▲	4.41	-0.65	662,302	395 (↑	3)	631 (↓	0)	57	2015/09/17

구분	지수	대비	등락률	거래량(천)	거래대금(억)		종류	구분	현재가	대비	등락률	시간
KOSPI200	238.94 ▲	0.16	0.07 %	71,332	32,987			S&P500선물	1,984.80 ▼	3.20	0.16 %	09/16 22:56
KOSPI100	1,770.66 ▲	1.38	0.08 %	55,819	28,610			E-Mini나스닥	4,383.00 ▲	0.00	0.05 %	09/17 01:15
KOSPI배당	3,201.88 ▼	5.71	-0.18 %	11,324	5,618	해외		니케이225	18,426.33 ▲	254.73	1.40 %	09/17 14:04
지배구조	2,375.68 ▼	2.80	-0.12 %	15,724	5,599	증시		상해종합	3,176.06 ▲	23.80	0.76 %	09/17 13:09
KOSTAR	1,374.17 ▼	14.11	-1.02 %	10,191	3,508	장중		Weighted	8,453.46 ▲	120.17	1.44 %	09/17 13:09
프리미어	1,762.10 ▼	16.27	-0.91 %	27,522	5,946			홍콩 H/S	22,146.23 ▲	179.57	0.82 %	09/17 13:09
KRX100	3,836.21 ▲	0.17	0.00 %	42,586	27,033			싱가폴	2,897.35 ▲	28.61	1.00 %	09/17 13:09
환율 크리	원/달러	1,169.50 ▼	6.40	-0.54 % 09/17 14:00		해외		DOWJONES	16,739.95 ▲	140.10	0.84 %	09/16 16:37
	엔/달러	120.79 ▲	0.22	0.18 % 09/17 14:19		증시		S&P500	1,995.31 ▲	17.22	0.87 %	09/16 16:37
	달러/유로	1.13 ▼	0.00	-0.02 % 09/17 14:19		전일		NASDAQ	4,889.24 ▲	28.72	0.59 %	09/16 17:15

증시주변	고객예탁금	미수금	신용잔고	차입순매수	비차익순매수			CALL (1일)		1.48 %
2015/09/15	211,992	1,110	64,752	33,096	58,262	금		CD (91일)		1.60 %
투자자별	거래소	코스닥	선물	콜옵션	풋옵션	주식선물		회사채(3년)		1.97 %
개인	-1,913	741	4,452	83	-10	-56	리	통화채(1년)		1.56 %
외국인	535	-118	-3,793	-85	-35	21		국고채(3년)		1.67 %
기관계	1,245	-621	-634	-2	53	28			Daily	
금융투자	781	-126	536	-13	46	22			주식(시황)	
투신	336	-247	-1,083	10	0	0			경제	
은행	137	36	281	0	6	0			선물옵션	

[KOSPI200 선물]			[KOSPI200 콜옵션]			행사가격	[KOSPI200 풋옵션]			
	현재가	전일대비	현재가	전일대비	거래량	미결제		현재가	전일대비	거래량	미결제
전일대비 ▲	0.50	5.19 ▲	0.14	3,148	11,023	237.50	3.70 ▼	0.35	9,121	4,122
계약수	106,740	3.86 ▲	0.30	10,331	17,198	240.00	4.77 ▼	0.38	3,721	3,016
미결제	128,188	2.73 ▲	0.22	35,254	22,660	242.50	6.18 ▼	0.33	1,304	646

증권회사 HTS에서 확정부 이자율 금리를 확인할 수 있다.

시장PER가 8~60배일 때 일드갭은?

지금까지 우리는 일드갭(예상 주식투자 수익률−확정부 이자율) 계산에 필요한 '예상 주식투자 수익률'과 '확정부 이자율'에 대해 알아보았다. 일드갭을 체크해 보는 이유는 안전한 예금(이하 예금은 1년만기 정기예금을 기준으로 한다)과 비교해서 주식투자 메리트가 얼마나 있는가를 알아보기 위해서다.

그런데 시장PER는 시장상황에 따라 수시로 변하고, 금리도 정부정책에 따라 수시로 변한다는 문제가 있다. 따라서 여러 가지 경우의 수를 고려해 몇 가지 가이드라인을 정해 두면 도움이 된다.

다음은 시장PER가 8~60배로 움직이고 금리가 각각 4%와 7%로 변동될 때 주식투자가 예금에 비해 유리한 상황인지 불리한 상황인지를 계산해 본 것이다.

오른쪽 표를 보면 금리와 시장PER 모두가 낮을수록 주식투자 메리트가 많아지고, 반대로 어느 쪽이든 높아질수록 주식투자가 불리해진다는 것을 알 수 있다.

예를 들어 1년만기 정기예금 이자율이 4%일 경우 시장PER가 15배 이하일 때는 주식투자가 유리하나 15배 이상 올라가면 예금에 비해서 불리해진다. 만약 금리가 올라 예금이자율이 7%가 되었을 때는 시장PER가 12배 이하일 때까지만 주식투자가 유리하고 13배에서는 투자메리트가 없으며 15배부터는 불리해진다.

시장PER로 주식투자 유불리 판단하기				
시장PER (배)	예상 주식투자 수익률(A)	예금이자율(B)	초과수익률 (A - B)	주식투자 (유리, 불리)
8	12.5%	4%	8.5%	매우 유리
		7%	5.5%	매우 유리
10	10.0%	4%	6.0%	매우 유리
		7%	3.0%	유리
11	9.1%	4%	5.1%	매우 유리
		7%	2.1%	유리
12	8.3%	4%	4.3%	매우 유리
		7%	1.3%	조금 유리
13	7.7%	4%	3.7%	매우 유리
		7%	0.7%	메리트 없음
14	7.1%	4%	3.1%	유리
		7%	0.1%	메리트없음
15	6.7%	4%	2.7%	다소 유리
		7%	-0.3%	불리
20	5.0%	4%	1.0%	메리트 없음
		7%	-2.0%	매우 불리
40	2.5%	4%	-1.5%	매우 불리
		7%	-4.5%	매우 불리
60	1.7%	4%	-2.3%	매우 불리
		7%	-5.3%	매우 불리

미국이 출구전략의 일환으로 금리를 인상하게 되면 한국도 금리를 인상할 가능성이 높아진다. 앞에서 살펴보았듯이 금리 인상은 증시에 좋지 않은 영향을 미친다. 그러나 단순히 금리가 인상된다고 해서 무조건 증시에 악재라고 생각하지 말고 일드갭을 머릿속에 계산하면서 투자를 지속해야 할지를 판단해야 한다.

때로 인간의 탐욕이 시장을 뒤흔든다

독자들 중에는 다음과 같은 의문이 생길 것이다.

'모든 투자자들이 일드갭을 알고 실행에 옮긴다면 주가 버블은 발생할 소지가 없지 않는가?'

맞는 말이다. 하지만 그래도 주가 버블은 반복될 것이다. 인간의 마음속에서 탐욕이 완전히 사라지기를 바랄 수는 없기 때문이다. 또한 대세하락장에서도 소수 오르는 종목이 있게 마련인데 그런 종목에 투자하여 수익을 낼 수 있다고 생각하는 돈키호테 같은 투자자들은 항상 존재한다.

아래 표는 한국증시에서 대세가 꼭지일 때와 바닥일 때의 일드갭을 계산해 본 것이다.

단위 : %

시기	주가	시장PER (배)	예상 주식투자 수익률(A)	회사채 수익률 (B)	일드갭 (A-B)
1988년 6월	천정	26.0	3.8	14.2	-10.4
1996년 10월	천정	18.7	5.3	11.9	-6.6
2000년 1월	천정	32.8	3.0	9.4	-6.4
2003년 4월	바닥	7.2	13.9	5.4	8.5
2007년 10월	천정	18.2	5.5	5.7	-0.2
2008년 11월	바닥	8.5	11.8	7.0	4.8

* 주 : 1. 확정부 금리는 예금이나 국공채 수익률을 기준으로 해야 하나 편의상 우량 회사채 3년물 수익률을 기준으로 하였음.
　　 2. 시장PER는 유가증권시장 기준.

위 표에서 대세 천정에서는 일드갭이 모두가 마이너스였고, 대세 바닥에서는 모두가 플러스임을 확인할 수가 있다. 펀드열풍이 절정을 달리던 2007년 10월에도 일드갭이 마이너스를 보여 펀드를 해약할 시점임을 나타내고 있다.

우리나라 증시 역사상 시장PER는 유가증권시장 기준으로 최저 8배에서 최고 26배 범위 안에서 움직였고, 평균 10~12배에서 움직이는 것이 보통이었다.

잠깐만요 : **GDP 대비 시가총액 비율로도 증시 대세를 판단할 수 있다**

증권시장이 과열이냐 또는 저평가되어 있느냐를 판단하는 기준으로 GDP 규모와 시가총액 규모를 비교해서 판단하는 방법도 있다.

대체로 GDP 규모 대비 시가총액이 100% 이하이면 저평가, 100% 이상이면 고평가되었다고 판단한다. 2007년 10월 KOSPI지수가 2,000포인트를 넘었을 때 GDP 대비 시가총액 비중은 110%에 달하였고, 또한 그때가 바로 대세의 꼭지점이었다. 그 때문에 시장분석가들은 GDP 대비 시가총액 비율을 대세판단의 중요한 기준으로 삼는 경향이 있다.

과거 한국증시를 돌이켜보면 1980~90년에는 30~50%에 불과하였으나 1990~2000년에는 50~80%대를 유지하였다. 그리고 2007년에 처음으로 100%를 넘겼을 뿐이다.

한국증시가 선진국에 비해 저평가된 근거로 오랫동안 시가총액이 GDP 대비 100% 이하인 점을 드는 사람들이 있었다.

그러나 GDP 대비 시가총액 비중으로 증권시장이 고평가되어 있는지 저평가되어 있는지를 판단하는 것은 절대적이 아니라 상대적인 기준일 뿐이라는 것을 알아야 한다.

그 이유로, 첫째 나라마다 자본시장 발달 정도가 다르기 때문이다.

자본시장이 발달되어 주식을 통해 직접 자금을 조달하는 비중이 높은 국가 예를 들면 미국, 영국, 홍콩, 대만 등의 국가는 그 비율이 높은 반면, 증권시장보다 은행을 통해 자금을 조달하는 비중이 높은 나라 예를 들면 독일, 프랑스, 이탈리아, 스페인 같은 국가의 경우는 그 비중이 낮을 수밖에 없기 때문이다.

둘째는 신규 상장기업(IPO)이 많아지면 자연 시가총액도 크게 증가하기 때문이다. 예를 들면 2010년 말 기준으로 GDP 규모는 1150조(약 1조달러)이고, 시가총액은 유가증권시장 1141.8조, 코스닥시장 98조 해서 도합 1239.8조원이다. 따라서 GDP 대비 시가총액 비율은 107.8%이다(1239.8÷1150×100＝107.8%). 이렇게 높게 나타나는 이유는 주가가 많이 오른 탓도 있지만 삼성생명, 대한생명 등 오랫동안 상장이 미루어져왔던 초대형기업이 상장되어 기업공개 규모가 60조원(시가총액 대비 약 6%)이나 되었기 때문이기도 하다.

시장이 저평가되어 있는지 고평가되었는지(또는 버블이 있는지)를 판단하는 기준은 시장PER 즉 시장 전체 주가수익비율을 기준으로 하는 것이 좋다.

그러나 GDP 대비 시가총액 비율이 대세판단에 필요한 절대적인 기준은 아니라 하더라도 그 비율이 단기에 지나치게 높게 나타나면 공급과잉으로 시장이 탄력을 잃을 수 있음을 참고할 필요가 있다.

GDP 대비 시가총액 비율을 알려면 시가총액과 GDP 규모를 찾아보면 된다.

1. 시가총액은 한국거래소 사이트(www.krx.co.kr)에 들어가서 '통계→주식→시장→상장주식'을 차례로 클릭하면 일자별로 알 수가 있다.

한국거래소 사이트에서 '통계→주식→시장→상장주식'을 차례로 클릭하면 시가총액을 알아볼 수 있다.

2. GDP 규모는 둘째마당 '6가지 경제지표를 해독하면 주가가 보인다!'에서 살펴본 대로 IMF 사이트를 이용하면 알아볼 수 있다.

일본의 경우 주가 버블이 심했던 1991년 니케이지수가 4만엔에 육박했을 당시 시장PER가 무려 60배에 달했고, 중국의 경우도 2007년 10월 상하이종합지수가 6,100을 돌파할 당시 시장PER가 60배(MSCI China 기준 40배)로 높았다. 그 결과 중국의 경우 2007년 10월에 달성했던 최고점 6,124포인트를 회복하는데 다른 국가에 비해 상대적으로 오랜 시간이 소요되고 있다.

이제 일드갭을 포함한 네 번째 마당을 종합정리하여 요약해 보자.

❶ 경제상황을 판단할 때는

첫번째로 GDP갭(GDP성장률-GDP잠재성장률)을 확인하고, 두번째로 물가상승률을 확인한 다음 보조지표로 환율과 국제수지 그리고 기업의 시장평균 EPS를 참고한다. 그리고 경제가 호황, 후퇴, 불황, 회복 중 어느 단계에 있는지 판단해 본다.

❷ 경제상황을 판단한 결과

1) 호황일 경우 → 대세상승이라고 보고 적극적으로 주식투자를 한다. 일드갭을 계산해 보고 주식투자가 불리해질 때까지 주식투자를 계속한다.

2) 후퇴일 경우 → 대세가 상승에서 하락으로 전환되는 시기라고 보고 주식투자를 소극적으로 하고 서서히 시장에서 빠져나와야 한다. 일드갭을 계산해 보고 주식투자가 불리해지면 즉시 시장에서 빠져나온다.

3) 불황일 경우 → 대세하락이라고 보고 시장을 떠나 있는다. 그러나 시장이 과도하게 폭락하여 일드갭이 큰 폭으로 플러스 수치가 나오면 대표 우량주 중심으로 분할매수를 한다.

4) 회복일 경우 → 대세가 하락에서 상승으로 전환되는 시기라고 보고 적극적으로 주식을 매입한다. 일드갭 계산을 통해 주식투자가 유리할 경우, 특히 금리가 더 이상 하락하지 않는다는 신호를 받을 때가 가장 주식을 싸게 사는 때이다. 또한 이 시기가 주식투자로 가장 수익을 많이 낼 수 있는 때이다.

일드갭으로 주식투자 유불리 판단하기

문제 ═══

01

═══

다음을 읽고 문제를 풀어보시오.

대세가 상승중이지만 언제까지 투자를 지속해야 할지, 또 펀드는 언제 해약하는 것이 좋은지를 알고 싶다. 시장PER와 금리가 각각 아래와 같이 변동될 때 주식투자가 유리한지 불리한지를 판단해 보라.

1) '예상 주식투자 수익률'을 계산해 보시오.

2) 일드갭을 계산해 보시오.

3) 주식투자를 하는 것이 예금을 하는 것보다 유리한지 불리한지를 판단해 보시오. 그리고 금리가 7%일 경우 시장PER가 얼마일 때까지 투자가 유리할까요? (단, 소수점 두 자리 이하는 반올림한다.)

시장PER (배)	예상 주식투자 수익률(%)	정기예금이자율 (%)	일드갭 (%)	주식투자 판단 (유리, 불리, 중립)
9		5		
		7		
11		5		
		7		
13		5		
		7		
15		5		
		7		
20		5		
		7		
30		5		
		7		
40		5		
		7		

1) 예상 주식투자 수익률은 PER의 역수에 100을 곱한 것이다. 시장PER가 9배일 경우 1÷9×100=11.1%이다. 이하 같은 방식으로 계산한다.

2) 일드갭은 '예상 주식투자 수익률－정기예금 이자율 또는 국공채 수익률'이다. 시장PER가 9배이고 금리가 5%일 경우 예상 주식투자 수익률 11.1－예금금리 5=6.1%이다.

3) 정기예금 금리가 5%일 경우 시장PER가 13배까지 주식투자가 유리하다. 그러나 금리가 7%가되면 시장PER가 13배 이상이면 시장에서 내려올 준비를 해야 한다. 일드갭이 1~2% 이하이면위험이 따르는 주식투자가 불리하다. 예금이자율과 주식투자 수익률이 비슷한데 무엇 때문에 원금을 손해 볼 가능성이 있는 주식에 투자하겠는가.

시장PER (배)	예상 주식투자 수익률(%)	정기예금이자율 (%)	일드갭 (%)	주식투자 판단 (유리, 불리, 중립)
9	11.1	5	6.1	매우 유리
		7	4.1	매우 유리
11	9.1	5	4.1	매우 유리
		7	2.1	유리
13	7.7	5	2.7	유리
		7	0.7	메리트 없음
15	6.7	5	1.7	메리트 없음
		7	-0.3	불리
20	5.0	5	0.0	불리
		7	-2.0	매우 불리
30	3.3	5	-1.7	매우 불리
		7	-3.7	매우 불리
40	2.5	5	-2.5	매우 불리
		7	-4.5	매우 불리

다음을 읽고 문제를 풀어보시오.

예금금리가 6%다. 시장PER가 다음과 같을 때 예상 주식투자 수익률과 일드갭을 계산해 보고, 주식투자가 유리한지 예금이 유리한지 판단해 보라.

예금이자율 (%)	시장PER (배)	예상 주식투자 수익률(%)	일드갭 (%)	주식투자와 예금 중 유리한 상품
6	8			
	9			
	10			
	11			
	12			
	13			
	14			
	15			
	18			

해설

예상 주식투자 수익률은 PER의 역수에 100을 곱한 것이다. 그리고 일드갭은 예상 주식투자 수익률−예금이자율로 계산한다. 예를 들어 PER가 12일 경우 예상 주식투자 수익률은 '1÷12×100=8.3%'이고, 일드갭은 '8.3%−6%=2.3%'이다. 일드갭이 플러스이므로 주식투자가 유리하다고 본다. 일드갭이 1~2%일 경우엔 1~2%의 초과수익을 얻기 위해 원금 손실의 가능성이 있는 주식투자를 하는 것보다는 예금이 유리하다고 판단할 수 있다.

예금이자율 (%)	시장PER (배)	예상 주식투자 수익률(%)	일드갭 (%)	주식투자와 예금 중 유리한 상품
6	8	12.5	6.5	주식투자 매우 유리
	9	11.1	5.1	주식투자 매우 유리
	10	10.0	4.0	주식투자 매우 유리
	11	9.1	3.1	주식투자 유리
	12	8.3	2.3	주식투자 유리
	13	7.7	1.7	주식투자 메리트가 적음
	14	7.1	1.1	주식투자 메리트가 없음
	15	6.7	0.7	예금 다소 유리
	18	5.5	−0.5	예금 매우 유리

다음을 읽고 문제를 풀어보시오.

GDP성장률이 높은 가운데 물가도 안정되어 있고, 증시는 시장PER가 13배로 횡보를 하고 있다. 그런데 정부가 금리를 단계적으로 올려 3년짜리 국채 수익률이 다음과 같이 변하고 있다. 국채 수익률이 몇%일 때부터 주식시장을 떠나야 할까?

시장PER (배)	예상 주식투자 수익률(%)	국채 수익률 (%)	일드갭(%)	주식투자 유불리 판단
13	7.7	3		
		4		
		5		
		6		
		7		
		8		
		9		
		10		

해설

일드갭이 1.7%라는 것은 안전한 국채에 투자하는 것보다 주식투자 수익률이 1.7%밖에 높지 않다는 의미이다. 1.7%의 추가수익을 얻기 위해 주식투자를 선택하는 것은 불안하다. 국채 수익률이 5%까지는 주식투자에 메리트가 있지만 6%를 넘어서면 주식투자에 조심을 해야 하고 8%로 오르면 시장을 떠나 있어야 한다.

시장PER (배)	예상 주식투자 수익률(%)	국채 수익률 (%)	일드갭 (%)	주식투자 유불리 판단
13	7.7	3	4.7	매우 유리
		4	3.7	매우 유리
		5	2.7	유리
		6	1.7	주식투자 메리트 없음
		7	0.7	주식투자 메리트 없음
		8	-0.3	불리
		9	-1.3	매우 불리
		10	-2.3	매우 불리

다음을 읽고 문제를 풀어보시오.

매스컴에서 전문가들은 대세상승이 상당한 기간 계속 이어진다고 한다. 그런데 주가가 계속 올라 시장PER가 16배이고 예금이자율은 7%이다. 이 상황에서 투자를 한다면 펀드 가입이 유리할까, 예금이 유리할까?

━━ 해설 ◢ ━━━

일드갭을 계산해 보고 주식투자가 유리하면 펀드를 가입해도 좋지만 불리하면 가입해서는 안 된다.

예상 주식투자 수익률 6.3%(1÷16×100=6.3%) − 예금이자율 7% =일드갭 −0.7%.

일드갭이 마이너스이므로 은행 예금이나 증권사 CMA 등에 넣어두거나 채권에 투자하는 것이 유리하다.

수급과 사건으로
중기대세를 읽어라!

중기대세는 장기대세 속에서 일시적인 경기 등락, 수급, 재료, 정치사회 이슈 등의 요인으로 등락을 반복한다. 이번 마당에서는 중기 대세를 결정하는 여러 요인들 가운데 수급과 재료(사건)에 대해서 알아보고 대처방법에 대해서도 알아보자.

**The Cakewalk Series –
Understanding stock market cycle to get high profits**

밀물이 들어오면
모든 배가 뜬다

월가의 투자 격언에 '밀물이 들어오면 모든 배가 뜬다'는 말이 있다. 시중의 풍부한 유동성 자금이 주식시장으로 밀려오면 우량주냐 부실주냐를 떠나 모든 주식이 오른다는 뜻이다. 반대로 증권시장에서 썰물처럼 돈이 빠져나가면 주가는 떨어질 수밖에 없다. 주식시장에 돈이 몰려오는지 아니면 빠져나가는지를 어떻게 알 수 있을까?

증시로 돈이 들어오는 경우

증시는 투자주체별로 크게 개인, 외국인, 기관으로 나누어진다. 시장의 흐름을 읽으려면 투자주체들 특히 외국인과 기관이 시장에 어떻게 대응하고 있는지를 알아야 한다.

1. 개인 자금 유입

1) 고객예탁금 증가

고객예탁금은 투자자들이 주식을 사기 위해 증권계좌에 입금해 둔 돈이다. 증권회사 CMA에 넣어둔 돈도 마찬가지다.

2) 펀드자금 유입

주식형 또는 혼합형 펀드에 자금이 유입되는 경우이다.

2. 외국인 자금 유입

외국인은 2007년 기준으로 한국증시 시가총액의 약 30%를 보유했고 2009년 4월 28%로 축소되었다가 2011년 1월 33%로 다시 확대되었다. 2015년 29%대로 살짝 떨어졌다가 2017년 들어 외국인 보유 시가총액이 사상 처음 600조원을 돌파하며 전체 비율도 34%까지 늘어났다. 2020년 7월 말 기준 외국인 보유주식의 시가총액은 587조원(코스피시장 558조원+코스닥시장 29조원)으로 시장 전체 시가총액의 32.1%를 차지하고 있다. 외국인은 세계증시 시황에 따라 한국증시 투자비중을 늘리기도 하고 과감하게 줄이기도 한다. 외국인의 매매동향은 같은 방향으로 지속되는 경향이 있기 때문에 개인이나 기관에 비해 증시에 미치는 영향이 크다. 따라서 외국인의 매매동향 파악은 증시 대세판단에 많은 참고가 될 수 있다.

외국인들은 어떤 상황일 때 한국 주식을 사는가?

1) 한국증시 밸류에이션이 매력적이라고 판단될 때

– 절대적 수치인 PER가 낮을 경우 또는 다른 국가와 비교해서 낮을 경우 한국 주식을 매수한다.

– 삼성전자, 포스코, 현대차 등 한국의 대표기업의 경우는 선진국의 경쟁기업과 비교해서 저평가되어 있을 경우 매수한다.

2) 환율 측면에서 원화가 강세추세를 보일 때

– 환율 차이를 목적으로 들어오는 외화는 단기성 핫머니일 경우가 많다.

3) 안전자산보다 위험자산을 선호할 때

– 경제, 재정, 금융이 안정되어 있을 때는 위험자산을 선호하는

알아두세요

MSCI선진시장 편입과 외국인 투자비중

이미 다우존스는 1999년부터, S&P는 2008년부터 한국을 선진시장으로 분류하고 있으며 FTSE는 2009년부터 한국을 선진국시장에 정식으로 편입하였다. 2010년에 MSCI가 역외원화시장 부재를 이유로 선진시장편입을 연기하였으나 한국의 MSCI선진국시장 편입은 가부의 문제가 아니라 시기만 남겨놓은 셈이다. MSCI지수 추정 자금의 90%가 선진시장지수를 추종하고 있으므로 한국이 MSCI선진국지수에 편입되면 한국증시에서 외국인 투자비중은 더욱 높아질 것이다.

알아두세요

밸류에이션(Valuation)

기업의 가치 대비 주가 수준을 뜻한다.

경향이 있고, 반면에 불확실성이 높아질수록 안전자산을 선호하는 경향이 있다.

3. 기관의 주식 매수

– 국민연금, 퇴직연금, 공무원연금, 교원연금 등 각종 연기금은 주식투자가 유리할 경우 즉 일드갭이 플러스가 될 때 주식을 매수한다. 특히 국민연금은 2020년 4월 기준으로 기금적립금이 726조원을 운용 중인데, 전체 자산의 44%를 국내외 채권에 투자하고 있고 해외주식 21.3%, 국내주식 16.8%(122조원)을 운용하고 있다. 국민연금은 이제 주식시장에 큰손으로 등장하였다. 따라서 일반투자자들도 국민연금의 투자방향을 참고할 필요가 있다.

– 자산운용사, 투자자문사 등의 기관투자가는 펀드로 자금이 유입되면 매수하고, 펀드에서 자금이 유출되면 주식을 매도한다.

4. 대주주와 임직원의 자기 회사 주식 매입

– 대주주와 임직원은 회사의 경영상황을 누구보다 잘 알기 때문

투자주체별 매매동향과 장세 특징					금액단위 : 조원
구분	외국인	기관	개인	주도세력	증시대세
2011년	-9.7	12.4	0.1	외국인매도, 기관매수	하락
2012년	17.4	3.3	-14.3	외국인매수, 개인매도	횡보
2013년	4.5	4.7	-5.5	주도세력 없음	횡보
2014년	5.0	-0.8	-1.8	주도세력 없음	횡보
2015년	-4.7	0.7	1.4	주도세력 없음	횡보
2016년	12.8	-10.1	-2.8	외국인매수, 기관과 개인매도	횡보
2017년	5.9	-1.3	-7.9	외국인매수, 개인매도	상승
2018년	-6.5	-1.9	8.5	외국인매도, 개인매수	하락
2019년	-1.3	6.6	-4.7	기관매수, 개인매도	하락

에 회사실적에 비해 주가가 싸다고 생각되면 매수하고, 비싸다고 생각하면 매도한다. (금융감독원과 거래소에 신고의무가 있다.)

증시에서 돈이 빠져나가는 경우

과도한 공급물량은 썰물 때가 가까워지고 있음을 알리는 신호이다. 증시에서 돈이 빠져나가는 경우는 증시로 돈이 들어오는 경우와 반대로 생각하면 된다.

증시 대세와 관련해서 특히 관심을 가져야 할 것은 주식을 팔지 않는데도 증시 자금이 빠져나가는 경우이다. 기업공개와 유상증자의 경우인데 흔히 발행시장이라고도 한다. 기업공개와 유상증자가 있게 되면 기업과 대주주에게 자금이 들어가고 증권시장에는 그에 해당하는 금액만큼의 주식물량이 들어오게 된다. 증권시장이 존재하는 목적 중에 가장 큰 것이 산업자금 조달이므로 기업공개와 유상증자를 탓할 수는 없다. 그러나 한꺼번에 대량으로 주식물량이 공급되면 공급과잉으로 증시 대세상승에 큰 장애가 될 수 있다. 특히 증시 과열을 식히기 위한 수단으로 물량공급을 늘리는 것은 필연적으로 공급과잉이라는 부작용을 낳게 되므로 자제해야 한다.

구체적인 예로 1975~78년 건설주 투기가 극심했을 때 정부는 투기를 억제한다는 명목으로 당시 시가총액과 맞먹을 만큼의 과도한 기업공개와 유상증자를 유도하였다. 그 결과 시장은 공급과잉 현상을 초래하여 2년 6개월간 대세하락에서 벗어나지 못하였다.

80년대 말에도 똑같은 현상이 반복되었다.

1986~89년 3년간 유상증자와 기업공개로 주식 물량이 23조원이나 증시에 쏟아부어졌다. 그 결과 3년이 넘도록 증권시장은 장기하락을 경험하였다.

90년대 말에도 또다시 공급과잉이 벌어졌다. 1998~2000년 3년간

공모금액과 유상증자 금액 기준으로 16조원이라는 큰 물량이 증시로 유입됨으로써 증시 침체를 초래하였다.

2000년대에 와서는 공급과잉이라고 할 만큼의 방대한 물량이 풀린 적이 없다가 2010년에 시가총액 기준으로 60조원이라는 물량이 시장에 공급되었다. (유가증권시장 시가총액의 6.5%에 해당하는 큰 규모이다.) 오랫동안 기업공개가 미루어져왔던 삼성생명(시가총액 20조원), 대한생명(6조 5천억) 등 생명보험회사들의 공개가 이루어졌기 때문이다.

2011년에도 12.9조원(공모가 기준)의 대량공급이 이루어졌으나 2012년 이후는 증시침체로 공모가 크게 줄어들었다.

지금까지의 사례를 참고하여 기업공개와 유상증자가 지나치게 많을 때는 조만간 증시 하락이 있을 것으로 예상하는 것도 좋은 방법이라고 생각한다.

 잠깐만요 : **고객예탁금, 주식형펀드 설정액 등 증시 주변자금 동향은 어디에서 볼 수 있나?**

증권회사 HTS 메뉴의 '시장분석→증시주변자금(동향)'을 클릭하면 다음과 같이 고객예탁금, 신용융자 잔고, 주식형펀드 자금을 그래프와 함께 볼 수 있다. 또한 화면 맨 위에 있는 '시장동향'을 클릭하면 자사주 매매동향을 볼 수 있고, '투자주체별 매매동향'을 클릭하면 개인, 외국인, 기관 그리고 기관은 다시 세분화하여 볼 수가 있다.

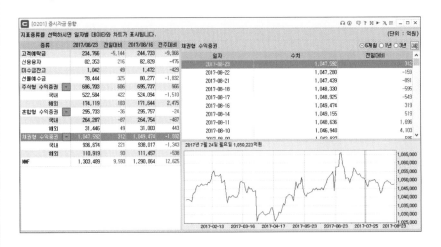

수급으로 본 증시 상승요인과 하락요인 요약		
구분	상승요인	하락요인
개인	– 고객예탁금 증가 – 펀드자금 증가	– 고객예탁금 감소 – 펀드자금 감소
외국인	– 외국인 주식 매수 – 한국관련 해외펀드자금 유입	– 외국인 주식 매도 – 한국관련 해외펀드자금 유출
기관	– 연기금 주식 매수 – 자산운용사 등 기관 주식 매수	– 연기금 주식 매도 – 자산운용사 등 기관 주식 매도
대주주 및 임직원	– 회사주식 매수 – 자사주 매입	– 회사주식 매도 – 자사주 매도

알아두세요

한국관련 해외펀드는 어떤 것이 있나?

한국관련 해외펀드는 ① 글로벌 이머징마켓(GME) 펀드, ② 일본을 제외한 아시아 펀드, ③ 태평양 펀드, ④ 인터내셔널 펀드 등이 있다.

잠깐만요 : 유동성이란 무엇이며 부동자금과 어떻게 다른가?

유동성이란 어떤 자산을 화폐로 쉽게 바꿀 수 있는 정도를 말한다.

현금과 수시로 입출금이 자유로운 예금은 협의의 통화(M1)로서 유동성이 가장 높다. 다음으로 2년 미만의 예금, 적금과 금융채 등은 광의의 통화(M2)로 만기가 짧기 때문에 쉽게 해약하여 현금으로 바꿀 수 있으므로 현금 다음으로 유동성이 높다. 만기 2년 이상 예금과 적금 그리고 금융채 등은 금융기관 유동성(Lf)이라고 하는데 더 나은 투자처가 있을 경우 현금화가 가능한 자금이다. 마지막으로 국공채, 기업어음, 회사채 등을 광의의 유동성(L)이라고 하는데 가장 유동성이 낮다.

이상의 모든 통화는 더 나은 투자처가 있을 경우 현금화가 가능하므로 광의의 유동성이라고 한다.

흔히 부동자금이라 하면 주식, 부동산 등 높은 수익률을 좇아 움직이는 목적이 있는 자금을 말한다. 따라서 유동성 자금 모두가 곧 부동자금이라고 보기는 어렵다. 유동성 자금 중에는 시장이 좋아도 주식시장이나 부동산시장으로 옮겨가지 않는 자금이 있기 때문이다. 2010년 우리나라 부동자금의 규모는 대략 570조로 추정되고 있다. 부동자금이 증시로 집중되면 증시 과열로 이어지고, 부동산으로 몰리면 부동산 투기과열이 발생한다. 따라서 시중 부동자금이 한곳에 몰려 투기로 흐르지 않고 산업자금으로 유입될 수 있도록 정책수단을 이용하여 적절히 관리하는 것이 기획재정부와 한국은행이 해야 할 중요한 일 중의 하나이다.

대형사건은 경제사건과
비경제 사건으로 구분하자

역사 속에서 발생한 대형사건은 모두가 증권시장과 무관하지 않았으며 적든 크든 직간접적인 영향을 미쳤다. 앞으로도 인류가 살아 있는 동안은 대형사건이 끊이지 않고 일어날 것이다.

증시 대세를 판단함에 있어 대형사건은 두 가지로 구분해서 볼 필요가 있다.

충격 회복에 오랜 기간이 소요되는 대형사건

하나는 대형사건이 경제에 충격을 주어 심각한 경기침체로 이어지는 경우이다. 이 경우에 주가는 장기간 큰 폭으로 떨어지게 되고 증시 대세는 하락하게 된다. 특히 시장이 장기 상승으로 버블이 심할 때 발생한 돌발사건은 예기치 않게 증시 폭락을 가져온다.

증시 대세하락을 초래한 대형사건은 다음과 같다.

● 1997~1998년 IMF 외환위기(KOSPI지수 73.7% 하락)
● 1999~2000년 IT와 벤처기업 버블(KOSPI지수 56.6% 하락)

- 2002년 신용카드 대란(KOSPI지수 45.7% 하락)
- 2008년에 발생한 글로벌 금융위기(KOSPI지수 57.2% 하락)

이 사건들은 모두가 경제와 금융에 위기를 초래하였고 주가도 끌어내렸다. 그리고 충격에서 회복되는 데도 오랜 시일이 소요되었다.

일시적 충격을 주고 지나가는 대형사건

다른 하나는 대형사건이긴 하지만 경제나 금융에 일시적인 충격을 주고 지나가는 경우이다. 이 경우는 경제에 미치는 충격이 크지 않기 때문에 증시에 미치는 영향도 일시적이어서 주가 폭락을 초래하긴 하지만 주가가 짧은 기간에 곧바로 원상회복된다.

1979년에 발생한 박정희 대통령 암살이 그 한 예이다. 남북이 대치한 상태에서 국가원수의 암살은 국민들에게 불안과 충격을 안겨주었다. 그러나 주가는 일주일 연속 폭락한 후 바로 반등하여 사건발생 이전의 지수로 회복되는 데 12일밖에 소요되지 않았다.

중동전을 비롯해서 해외에서 발발하는 소규모 전쟁들도 대체로 전운이 감돌 시기에는 증시가 위축되지만 막상 전쟁이 터지고 나면 오히려 주가가 상승하는 경향이 있다. 이렇듯 경제외적인 사건은 사건의 내막이 밝혀지거나 매스컴을 통해 보도되고 나면 더 이상 악재가 아닌 경우가 많다.

사건	코스피지수		하락률 (%)	회복 기간	비고
	발생일	바닥일			
1979년 10·26사태	126.33 10월 26일	114.17 11월 1일	9.5	12일	박대통령 시해사건
1980년 5·18광주항쟁	115.03 5월 17일	109.43 5월 22일	4.8	14일	광주민주화운동
1982년 장영자 사건	116.42 5월 8일	106.00 5월 14일	9.0	10일	거액어음 사기사건
1990년 페르시아만 사태	679.75 8월 2일	559.98 9월 1일	17.5	30일	이라크 대공습으로 국제유가 164% 급등
1993년 금융실명제 실시	724.40 8월 12일	656.27 9월 1일	9.4	7일	문민정부 금융실명제 실시 발표
2001년 9·11테러	540.57 9월 11일	463.54 9월 21일	14.2	30일	2,973명 희생 아프간, 이라크 전쟁
2011년 리비아 내전	540.57 2월 16일	463.54 3월 15일	3.3	7일	리비아 내전으로 유가급 등, 일본 대지진 발생

대형사건과 주가

통일은 단기적으로는 하락요인, 장기적으로는 상승요인!

남북한 사이에서 발생하는 분쟁도 마찬가지였다. 북한의 6차례 핵실험(2006년 10월, 2009년 5월, 2013년 2월, 2016년 1월, 2016년 9월, 2017년 9월), 두 차례에 걸친 서해교전(1999년, 2002년), 연평도 포격사건(2010년 11월), 김정일 사망(2011년 12월) 등이 발생했을 때도 주가는 당일 또는 하루 이틀 하락하는 일시적 충격을 받았을 뿐이었다.

그러나 전면전이 발발하거나 갑작스럽게 북한이 붕괴될 경우는 상황이 완전히 다를 것이다. 그렇다면 북한이 내부갈등으로 갑자기 무너질 경우 증시에는 호재일까, 악재일까?

통일이 되면 대북 불안이 사라지고, 국방비도 절약되며, 특히 북한의 값싼 노동력이 공급되기 때문에 경제에 도움이 될 것이라는 의

견이 있다. 장기적으로 보면 그 말에 일리가 있다. 미국의 투자은행인 골드만삭스도 2050년 통일된 한국이 GDP 6조달러로 일본, 독일을 제치고 GDP 기준 세계 8위 국가가 될 것이라고 예측한 바 있다. 그러나 그것은 통일 후 50년이 지났을 때의 일이고 통일 초기에는 엄청난 사회적·경제적 혼란이 따를 것이다. 또한 정치인들은 현실성 없는 인기영합정책(포퓰리즘)을 제시하며 북한주민의 표를 얻으려는 현상이 벌어질 것이다. 따라서 증권시장은 상당한 기간 하락세를 면치 못할 것이다.

경제에 충격을 주는 사건이든 경제외적 사건이든 주식시장은 하락의 골이 깊을수록 반등폭이 크게 나타나게 마련이다. 언제나 위기 뒤에는 기회가 따라다니기 때문이다.

증권시장 랠리는
중기대세 관점에서 보라

증권시장에는 랠리(Rally)라는 것이 있다. 대세가 상승, 횡보, 하락 중 어느 국면에 있건 간에 특정한 재료나 이슈로 인해 주가가 일주일에서 한달 가량 일시적으로 급등하는 경우를 말한다. 대표적인 랠리로 산타랠리, 허니문 랠리, 섬머랠리 등이 있다.

산타랠리(Santa rally)

산타랠리는 미국에서 크리스마스를 전후로 해서 주가가 상승하는 것을 말한다. 미국은 크리스마스를 전후로 연말 보너스가 집중된다. 그 결과 가족과 친지들에게 선물하기 위해 전자제품, 스포츠용품, 의류 등의 소비가 급등하고 그에 따라 해당 기업의 주가가 강세를 띠게 되는 것이다. 한국증시도 미국의 산타랠리 영향을 받아 반도체를 비롯한 관련 주가가 오름세를 보인다.

허니문랠리(Honeymoon rally)

새로운 정부가 출범하면 정책의 불확실성이 소멸되고, 국민들에게 경제정책에 대한 비전과 해결책을 내놓는 등 희망적인 정책을 제시하게 된다. 국민들도 신정부에 기대를 걸고 대체적으로 협조적인 자세를 취한다. 이와 같이 신정부에 대한 기대감으로 증시가 상승하는 경우를 신혼여행(허니문)과 비유해서 허니문랠리라고 한다. 과거 한국증시에서 새 정부 출범을 앞둔 일주일 동안의 주가상승률을 보면 1988년 노태우정권 때 1.2%, 1993년 김영삼정권 때 0.1%, 1997년 김대중정권 때 13.4%, 2002년 노무현정권 때 4.9%, 2007년 이명박정권 때 1.9%, 2012년 박근혜정권 때 0.8% 그리고 문재인 정권 때 2.4%가 상승하며 허니문랠리가 유효함을 확인시켜 주었다.

섬머랠리(Summer rally)

흔히 여름철에 나타나는 급등장세를 섬머랠리라 한다. 이는 여름휴가가 긴 외국에서 휴가를 가기 전에 주식을 사두려는 심리가 작용해서 비롯된 것이다. 섬머랠리는 오래 계속되는 경우는 드물고 7~8월 중 한차례 나타나는 경향이 있다. 그러나 실제로는 섬머랠리 없이 지나가는 경우도 많다.

그외 중국의 경우 춘절랠리라는 것이 있다. 춘절은 중국의 음력설로 한국의 설과 같다. 춘절경기는 중국증시에 영향을 미칠 뿐만 아니라 한국증시의 중국 관련주에도 영향을 미친다.

그러나 랠리는 어디까지나 랠리일 뿐이다. 증시 대세가 랠리로 영향을 받지 않는다는 의미이다. 랠리는 대세가 상승국면일 때는 더잘 나타나고 상승탄력도 강하지만, 하락국면에서는 랠리 없이 그냥지나는 경우도 있다. 따라서 대세가 하락 또는 횡보 국면일 때 랠리가 나타나면 현금비중을 높이는 기회로 생각하는 등 주가 하락의 관점에서 대응해야 한다.

캘린더 효과(Calender effect)

랠리 이외에 해마다 일정한 시기에 증시흐름이 좋아지거나 나빠지는 현상이 있는데 이를 흔히 캘린더 효과라 하고 랠리와 구분하고 있다. 대표적인 것으로 1월효과(January effect)라는 것이 있다. 매해 1월, 새해를 맞이해서 시장분석가들이 한 해를 낙관적으로 전망함에 따라 주가가 상승하는 경우를 두고 하는 말이다. 과거 통계를 보면 1월 증시가 상승하면 그해의 증시가 강세장일 경우가 많았고, 반면에 1월에 시장이 하락하면 그해 증시도 하락하는 경우가 많았다. 주간 증시의 경우에도 월요일 상승하면 그 주간 증시가 상승하고, 월요일 주가가 하락하면 그 주간 증시는 하락하는 주간 캘린더 효과도 있다.

다음은 한국증시의 1월효과를 나타내는 표이다. 2009년 이후 11년간 분석을 해보면 1월효과가 맞아떨어진 경우는 6회, 1월효과가 틀린 경우도 5회(2010년, 2011년, 2013년, 2016년, 2018년)였다. 1월효과도 어디까

한국증시의 1월효과					
연도	연초 지수	1월 말 지수	월간 등락률(%)	연말 지수	연간 등락률(%)
2009	1041.41	1162.11	11.6	1682.77	61.6
2010	1681.71	1602.43	-4.7	2051.00	21.9
2011	2063.69	2069.73	0.3	1825.74	-11.5
2012	1831.69	1955.79	6.8	1997.05	9.0
2013	2014.74	1961.94	-2.6	2011.74	0.1
2014	2013.11	1941.15	-3.6	1915.59	-4.8
2015	1914.24	1949.26	1.8	1961.30	2.5
2016	1954.47	1912.06	-2.2	2026.46	3.7
2017	2011.23	2067.57	2.2	2467.49	22.7
2018	2479.65	2553.01	3.0	2041.04	-17.7
2019	2010.00	2204.85	9.7	2197.67	9.3
2020	2175.17	2119.01	-2.6	?	?

* 코스피지수 기준

지나 과거의 통계에 불과하다는 점을 참고할 필요가 있다.

중기대세를 결정하는 수급과 재료 요약

장기대세를 확인하였다면 중기대세는 어디까지나 장기대세 틀 속에서의 등락이라고 보아야 한다. 중기대세는 짧게는 수주 길게는 수개월 사이클로 등락을 거듭한다. 따라서 장기대세가 상승세라고 판단되면 중기대세가 하락할 때 매수의 관점에서 대응해야 하고, 장기대세가 하락세라고 판단되면 중기대세가 반등할 때 매도의 관점에서 대응해야 한다. 그리고 대형사건이 발생했을 경우에는 사건의 성격이 경제요인인지 경제외적 요인인지를 냉철하게 생각해 보아야 한다. 경제외적인 요인이라고 생각되면 주가 하락을 매수 기회로 이용해야 하고, 경제요인이라고 생각되면 대세하락의 징조로 판단한다.

재료와 사건, 수급으로 중기대세 판단하기

문제 ═══

01

다음은 시장수급상 중기대세 상승요인들이다. 틀린 것을 고르시오.

ⓐ 한국관련 해외펀드에 자금이 유입되고 있다고 한다.

ⓑ 고객예탁금이 증가하고 있다.

ⓒ 국민연금은 자산 중에 국내 주식투자 비중을 현재 13%에서 17% 이상으로 확대할 것이라고 한다.

ⓓ 증시 활황으로 기업공개와 유무상증자 규모가 최근 5년 평균에 비해 무려 10배가 증가하였다고 한다.

해설 ◀

증시가 활황이면 기업공개와 유무상증자가 활기를 띠는 것은 자연스러운 일이다. 다만 단기에 공급물량이 지나치면 수급균형이 무너져 시장이 하락할 수 있다. 국민연금의 자산규모는 2010년 말 310조원을 넘어 주식투자 비중을 1%만 높여도 3조원 이상 주식투자 여력이 발생한다. 정답은 ⓓ

다음 중 합리적이라고 판단되는 것을 고르시오.

ⓐ 또 다시 서해교전이 발발하면 일단 보유주식을 팔아놓고 봐야 한다.

ⓑ 국내외적으로 대형사건이 터졌을 때 경제에 영향을 미칠 사건인지, 단순한 돌발사건인지를 신중히 생각한 후, 전자의 경우는 하락의 관점에서 후자의 경우는 주식을 싼값에 살 수 있는 기회로 판단한다.

ⓒ 어느 날 갑자기 통일이 되면 주가는 크게 오를 것이다.

ⓓ GDP성장률이 2분기 이상 연속 상승하여 연간 기준으로 잠재성장률 이상으로 높아질 것이라고 한다.

ⓔ 오랫동안 시장을 억누르던 악재가 터지거나 루머로 떠돌던 악재가 확인이 되면 주가가 바닥일 경우가 많다.

해설 ◀

전면전으로 확대되지 않는 한 남북한 충돌은 주식을 싼값에 살 수 있는 기회인 경우가 많았다. 갑작스레 통일이 될 경우 중기대세로 볼 때 악재가 될 가능성이 높다. 정답은 ⓑ, ⓓ

투자심리로
변곡점을 파악하라!

주식투자는 투자자의 심리전이기도 하다. 이번 마당에서는 군중심리와 본전 집착심리 그리고 욕심과 공포 등 투자자의 심리를 알아보고, 인간의 심리로 증시 대세와 대세 변곡점을 판단하는 방법에 대해서 알아보자.

The Cakewalk Series –
Understanding stock market cycle to get high profits

주식투자는 심리전이다

알아두세요

KTF는 KT계열의 이동통신회사
로 1997년 케이티프리챌로 설립
되었으며, KTF로 사명이 변경되
었다가 지금의 KT와 합병되었다.

강남 아파트 한 채 값을 날려버린 KTF 투자

IMF 외환위기가 끝나갈 무렵인 1999년 9월, K씨는 KTF 주식을 주
당 4만 5천원에 매수했다. 마침 미국 나스닥시장에서 불어온 기술
주 급등 바람을 타고 코스닥시장의 통신, 인터넷, 바이오 같은 벤처
기업이 상승세를 타고 있었다.

이동통신주인 KTF는 파죽지세로 상승하여 매수한 지 3개월 만인
12월 초에 12만원이 되었다.

나는 고객인 K씨에게 전화를 걸어 매도할 것을 권유하였다.

"3개월 만에 3배나 올랐습니다. 너무 많이 올라 떨어질 가능성이
있으므로 현금화해 두는 것이 좋겠습니다."

"나도 처음에는 세 배 정도 오르면 팔겠다고 생각했는데 다른 벤처
기업들이 계속해서 올라가는 것으로 보아 KTF도 더 올라갈 것으로
생각됩니다. 두고 봅시다."

그는 나의 조언을 받아들이지 않았다. 그후 KTF 주가는 계속 올라
20만원이 되었다. 나는 또다시 매도를 권유했다.

"짧은 기간에 네배 반이나 올랐습니다. 이 정도면 만족하고 파시는

것이 좋을 것 같습니다."

"SK텔레콤은 지금 30만원 합니다. 액면가 500원짜리니 KTF의 액면가 5,000원을 기준으로 계산하면 300만원인 셈이죠. KTF는 우리나라에서 두번째로 큰 이동통신회사이니 최소한 100만원은 가지 않을까요?"

K씨의 목표가격은 100만원으로 올라가 있었다. 그런데 20만원에 팔자고 하니 매도할 의사가 없는 것은 당연했다.

"KTF를 SK텔레콤과 비교해서는 안 됩니다. SK텔레콤은 금년도 예상 주당순이익(EPS)이 5,000원이나 됩니다. 그래도 주가가 주당순이익의 무려 60배로 과대평가되어 있습니다. 그런데 KTF는 금년도는 적자가 예상되고 내년에야 겨우 흑자로 전환될 예정이라고 합니다. 이익을 많이 내는 SK텔레콤과 적자기업인 KTF를 똑같이 비교하는 것은 무리입니다. 그리고 적자기업 주가가 100만원이라니 말도 안 됩니다."

"지금 코스닥에서 적자기업들을 보면 잘만 올라갑니다. 모임에 가면 사람들이 모두 못 가도 60만원이고 잘하면 100만원 간다던데 어찌 당신만 달리 생각하는 것이오. 그리고 지난번에 당신 말을 듣고 12만원에 팔았으면 얼마가 손해입니까? 아파트 한 채가 날아갈 뻔했다고요."

K씨가 목표가격을 100만원으로 정해 두었다는 것을 다시 한번 확인한 나는 더 이상의 매도 권유를 하지 않았다.

그리고 1개월 후 2000년 1월 4일, 증권시장 개장을 알리자 KTF 주가는 바로 상한가로 시세가 붙었다. 그러나 그것은 잠시일 뿐 그날 종가는 하한가로 추락했다. 그리고 연이어 매도물량이 몰리면서 3일간 하한가를 기록했다. 3일 만에 최고가 30만원에서 19만원이 된 것이었다.

나는 19만원에라도 매도하자고 했지만 K씨는 단기에 낙폭이 컸으므로 곧 반등이 있을 거라며 기다려보자고 했다. 그는 이제 최고가에 집착하고 있었다. 6개월 뒤 KTF 주가는 매수가 4만 5천원 이하인 4만원으로 떨어졌다.

1년 반 가까이 지난 어느 날, 나는 K씨로부터 3만원에 전량 매도해달라는 주문을 받았다. 그는 욕심 때문에 강남 아파트 한 채 값을 날려버렸다고 후회를 했다.

목표수익률에 도달했다면 과감히 매도하라

여러분은 아마도 내가 K씨의 사례를 소개한 이유를 충분히 짐작할 수 있을 것이다. K씨야말로 군중에 휩쓸리는 심리, 목표가격에 집착하는 심리, 최고가를 매수가격으로 간주하는 심리, 본전에 집착하는 심리, 공포심리 등 일반투자자들이 가지고 있는 모든 투자심리를 한꺼번에 잘 보여주고 있다. 이처럼 심리전에 휘말리면 판단이 흐려질 수밖에 없다. 따라서 주식투자를 할 때는 목표수익률을 미리 정해 두고, 목표수익률에 도달했을 때 과감히 매도하는 결단이 필요하다.

상승과 하락시, 사람들의
마음은 어떻게 움직이는가?

증권시장 대세에 따라 일반투자자들의 투자심리는 어떻게 변할까?
아래 그래프를 보면 투자자들의 심리변화 흐름을 어느 정도 읽을
수 있다.

증시 대세와 투자자 심리

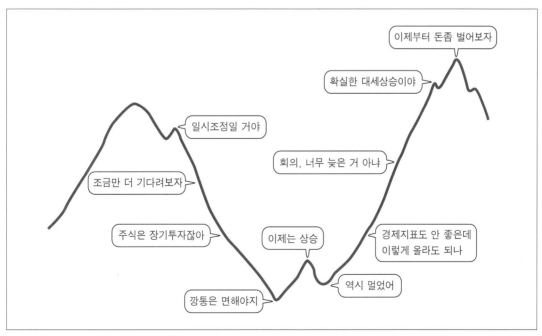

상승하던 대세가 하락으로 전환될 때 투자심리

주가 폭락은 예기치 않게 어느 날 갑자기 찾아온다. 공교롭게도 해외에서 경제관련 악재가 발생하지만 대부분의 투자자들은 사건의 본질조차 쉽게 파악하지 못한다. 주가 폭락은 투자자들이 그동안 지속적인 주가 상승으로 주가에 얼마나 많은 버블이 끼어 있는지, 그리고 경제 펀드멘탈이 어떻게 변해 가고 있는지를 감지하지 못하고 있을 때에 불현듯 찾아오는 것이다.

상승하던 시장이 하락으로 전환되더라도 하락 초기 투자자들의 반응은 대체로 무덤덤하다. 장기간 상승장에 익숙해져 있기 때문에 주가 폭락이 오더라도 조정으로 간주하고, 조금만 기다리면 시장이 다시 상승할 것으로 생각한다. 다시 말해 쉽게 대세하락을 받아들이지 못하는 것이다.

'걱정할 것 없어. 전에도 이 정도의 조정은 늘 있어왔잖아. 기다리면 시장은 다시 올라갈 거야.'
'조금만 더 올라 내가 정해 둔 목표가격에 이르면 팔아야지.'
'매수가보다 10%나 떨어졌는걸. 밑지고 팔 수야 없지. 본전만 되면 뒤도 돌아보지 않고 팔 거야.'
'주가가 매수가보다 많이 떨어졌으니 이쯤에서 물타기로 추가 매수를 해볼까?'

투자자의 유형별 특징
투자자 유형 중에는 '본전집착형'이 있다.

어떠한 상황에서도 매수가격 이하에는 팔지 못하는 사람이다. 이들은 주식투자로 손해 볼 수도 있다는 사실을 인정하려 하지 않는다. 그러나 주식투자로 손해를 보지 않고 이익만 볼 수 있다면 세상에 어느 누군들 주식투자를 하지 않겠는가!

앞서 말한 K씨는 본전집착형 투자자로 공포가 극에 달했을 때 끝내 견디지 못하고 주식을 내다팔았다. KTF 주식을 3만원에 팔고 나서 2만원 이하로 떨어졌다. 그때 그는 "3만원에라도 잘 팔았지. 그때 팔지 않았으면 큰일날 뻔했어"라고 했다.

'목표가격 집착형'도 있다.

스스로 목표가격을 정해 두고 그 가격에 도달할 때까지는 절대 팔지 않는 사람이다. K씨의 경우도 100만원이라는 목표에 집착하지 않고 융통성 있는 사고를 하였더라면 최소한 아파트 한 채는 건질 수 있었을 것이다.

'물타기형'도 있다.

보유주식의 하락폭이 클 때 추가로 매수하여 평균 매수단가를 낮추는 것은 잘못된 투자방식이 아니다. 특히 우량주나 업종 대표주의 경우는 유효한 투자방식이 될 수가 있다.

그러나 물타기는 대세가 상승중이라는 전제가 있을 때만 유효한 투자전략일 뿐 본전집착형이나 목표가격 집착형인 사람은 물타기 방식이 좋지 않다고 생각한다.

주식투자와 궁합이 잘 맞는 성격

따라서 주식투자를 시작하기 전에 투자자 본인의 성격을 점검해 보고 자신의 성격상 잘 맞지 않는다고 생각되면 주식투자를 하지 않는 것이 본인의 행복을 위해 좋다. 주식투자는 냉정하고 합리적인 결정을 할 수 있는 사람만이 할 수 있다. 쉽게 흥분하여 즉흥적인 판단을 잘 하는 사람, 도박을 좋아하는 사람, 욕심이 지나치게 많은 사람, 돈 씀씀이가 헤픈 사람, 합리적이지 못한 사람, 투자손실을 이해하지 못하는 사람(군인, 교사 등의 직업을 오랫동안 가진 사람들 중에 가끔 있다), 남의 말을 쉽게 믿는 귀가 얇은 사람 등은 주식투자와 잘 맞지 않는다.

반면에 경제와 시장에 대해서 끊임없이 연구하는 사람, 상황변화를 스스로 판단하고 행동을 결정하는 사람, 실패를 하더라도 지나치게 괴로워하지 않고 실패를 거울삼아 다시 일어설 수 있는 유형의 사람은 주식투자와 잘 맞는 성격의 소유자로 볼 수 있다.

증시가 바닥일 때 투자심리

투자자들은 10% 하락은 곧잘 감수한다. 그러나 20~30% 하락하면 실망감이 생기면서 마음이 초조해지기 시작한다. 그래도 마음을 달래며 인내심을 발휘하기도 한다.

'30% 손해를 보고 어떻게 팔아. 지금까지 잘 견뎌왔는데 말이야. 주가가 안 올라가면 자식에게 물려주는 한이 있더라도 절대 팔지 않겠어.'

이렇게 생각하던 사람도 주가가 40~60% 하락하면 서서히 공포심이 생기고 인내심에 한계를 드러낸다.

'GDP성장률이 지속적으로 하락할 전망이다.'
'불황의 끝이 보이지 않는다.'
'수출이 감소하고, 국제수지 적자가 사상 최대가 될 것이다.'
'펀드 해약이 봇물과 같다.'

이와 같은 내용을 매일같이 쏟아내는 매스컴은 투자자로 하여금 극단의 공포심을 갖게 해 주식을 가지고 있지 못하게 만든다. 이럴 때

TV에 출현하는 증시전문가는 한결같이 어두운 증시전망을 하는 사람들뿐이다.

'이러다가 내 주식이 휴지조각이 되는 게 아닐까?'
'깡통을 차느니 조금이라도 건지는 것이 낫겠지?'
'인내도 한계가 있지, 주식을 모두 현금화해 두어야겠어.'
'난 원래부터 주식과 인연이 없나봐. 이 주식을 팔고 나면 다시는 주식을 쳐다보지도 않을 거야.'

투자자들은 이와 같은 심정으로 신경질적으로 보유주식을 가격 불문하고 매도하게 된다. 흔히 말하는 투매를 하는 것이다. 모두가 주식을 외면하는 극단적인 상황에서 투자자들은 나약해질 수밖에 없다.
그러나 지나고 나서 보면 이때가 오히려 주식을 사야 할 때이고, 주식을 팔지 않고 참았더라면 손실을 줄일 수도 있었다.
인간의 뇌는 투자심리 앞에서 쉽게 무너지는 경향이 있다. 평상시에는 '극도의 위기'가 '최대의 기회'라고 생각하던 사람도 대중이 느끼는 공포심에 휩싸이면 합리적인 판단을 하지 못하게 되는 것이다.

주가가 바닥을 벗어나 상승으로 전환될 때 투자심리
장기간 주가 하락으로 투매를 한 투자자들은 증시가 바닥을 지나 상승으로 전환되더라도 쉽게 대세 전환을 받아들이지 못한다.
투자자들이 대세 전환을 초기에 받아들이지 못하는 이유는 세 가지다.
하나는 주가가 경기보다 대략 6개월 이상 선행하기 때문이다. 주가가 반등을 시작하지만 언론에서는 아직 경제회복이 멀었다고 한다. 경제전문가란 원래 예측을 하는 사람들이 아니고 지표로 확인이 되어야 경제가 회복되었다고 말하기 때문이다.

둘은 대세 말미에서는 주가가 기업가치 이하로 저평가되어 있기 때문에 경제가 더 이상 나빠지지 않는다는 신호만 있어도 주가는 비정상적으로 하락한 분만큼 쉽게 상승하기 때문이다.

셋은 주가가 대세상승으로 전환되더라도 바로 상승하지 않고 '쌍바닥' 또는 '세 번의 바닥'을 만들고 나서 대세상승으로 이어지기 때문이다. 주가가 상승하다 다시 하락을 하면 투자자들은 '역시 대세상승은 멀었어'라고 판단하고 주식을 사지 못한다. 주가가 쌍바닥 또는 세 번의 바닥을 만드는 이유는 불황에 대응한 정부의 정책시차 때문이기도 하다.

워렌 버핏은 2008년 글로벌 금융위기 속에서 "이제는 주식을 사야 할 때다"라고 말하고 본인도 주식을 매입하였다. 몇개월 후 증시가 일시적으로 다시 침체하자 언론들이 빈정되는 보도를 했다.

"워렌 버핏과 같은 천재도 이번에는 주식투자로 얼마를 손해 봤다." 그러나 버핏의 투자판단이 얼마나 현명했나를 확인하는 데는 그리 오랜 시간이 필요하지 않았다.

속담에 '자라 보고 놀란 가슴 솥뚜껑 보고도 놀란다'라는 말이 있다. 한번 대세하락을 경험한 투자자들은 선뜻 투자에 나서기를 꺼리기 때문에 1~5년에 한번씩 오는 절호의 기회를 놓치게 되는 것이다.

대세상승기 그리고 대세 상투일 때 투자심리

대세상승 초기에 주식을 사지 못한 투자자들은 계속되는 주가 상승에 의심의 눈초리를 보내며 대세상승을 회의한다.

경제관련 뉴스는 언제나 호재와 악재가 함께 보도되지만 대세하락에 손해를 본 투자자들은 아직까지는 호재보다 악재에 더 무게를 두는 경향이 있다.

'경제란 좋아지다가도 금방 또 나빠질 수 있는데 주가가 이렇게 계속 올라가도 되는 거야?'
'주가가 벌써 꽤 올랐는데 지금 주식을 사면 너무 늦는 것 아냐?'

'주가는 의심 속에서 싹트고, 회의 속에서 성장하며, 환희 속에서 사라진다'라는 말이 있다. 일반투자자들이 의심하고 회의하는 동안 주가는 계속해서 상승하는 것을 두고 하는 말이다.
일반투자자들은 주가가 대세상승폭의 8부 능선 가까이 오르고 나면 그제야 대세상승에 확신이 생긴다. 주위에서 주식이나 펀드로 돈을 벌었다는 이야기를 듣기도 하고 언론매체에도 주식투자로 대박을 터뜨린 사례가 소개되기 때문이다. 이때부터 주식투자를 하지 않고 있는 나만 바보인 것 같은 생각이 들고 주식투자를 하면 쉽게 돈을 벌 수 있다는 착각에 빠지게 된다.
'여러 명이 함께 건너면 빨간 신호등도 무섭지 않다'는 말이 있다. 시중자금이 증시로 쏠리게 되면 주가 버블이 발생해도 군중심리에 휩쓸려 불안해하지 않는다.
사자성어에 삼인성호(三人成虎)라는 말도 있다. 한 사람이 '시청 앞에 호랑이가 나타났다'라고 하면 아무도 믿지 않는다. 두번째 사람이 같은 말을 하면 고개를 갸우뚱하며 반신반의한다. 그러나 세번째 사람이 또 같은 말을 하면 믿지 않을 수 없게 된다는 이 고사성어도 같은 의미이다.

인간의 본성이 버블을 가져온다

대세 상투에 가까워지면 인기종목이 3~5배 올랐어도 애널리스트들은 목표주가를 더 높일 수 있는 새로운 투자기준을 제시하기에 여념이 없다. 투자자들 또한 수익을 내고 판 주식일지라도 더 올라가면 손해를 봤다고 생각하기도 한다.

1년 예금이자보다 3~5배(15~30%) 수익을 낸 경우에도 연간 100% 오르는 종목이 있는 한 투자자들은 만족하지 못한다. 이렇게 해서 시장은 점점 기업의 가치 이상으로 부풀려진다. 증권시장 역사를 보면 인간의 본성이 버블을 선호하고 있음을 잘 보여준다.

그러나 모든 투자자들이 버블에 매료되어 환희에 들떠 있는 순간 대폭락은 바로 옆에서 기회를 노리고 있다. 그것이 증권시장의 생리다.

경제 변화를 읽을 줄 알아야 주식시장에서 성공한다

지금까지 증권시장 대세의 각 국면에서 본 일반인들의 투자심리에 대해서 살펴보았다.

세계적으로 위대한 경제학자 케인스 교수는 《고용, 이자, 화폐의 일반이론》에서 "대중은 좋든 나쁘든 현재 상황이 계속된다고 생각한다. 그러므로 좀처럼 변화에 대응하지 못하고 큰 화를 당하고 나서야 마침내 큰 변화가 왔음을 마지못해 받아들인다"라고 했다.

이는 큰 변화를 미리 알거나 초기에 알지 못하면 주식시장에서 성공하기 어렵다는 뜻이기도 하다. 큰 변화를 알려면 어떻게 해야 하는가?

첫째, 군중심리에 휩쓸리지 말고 냉정하게 분석하고 자기판단을 해야 한다.

둘째, 평소에 경제에 관한 기본적인 변화를 읽는 습관이 배어 있어야 한다.

앞에서 우리는 증시 대세에 영향을 미치는 기본적인 경제요인들, 즉 GDP성장률과 GDP갭, 물가, 금리와 일드갭, 국제수지, 환율 등을 통해 대세를 판단하는 방법을 알아보았다. 경제 펀드멘탈에 관한 기준을 정해 두기만 하면 평상시 경제신문이나 매스컴의 뉴스를 통해 확인만 하면 되는 것이다.

대세 변곡점에서 나타나는 신호들

색깔이 변한 나뭇잎 하나가 떨어지고, 며칠 전까지만 해도 무덥던 날씨가 아침저녁으로 서늘해지면 가을이 다가왔음을 느낀다. 그와 마찬가지로 증권시장에도 대세가 바닥일 때와 대세가 천정일 때를 알려주는 징조들이 있다.

대세가 바닥일 때 나타나는 징조들

1. TV, 신문 등 각종 언론매체에서 불황이 심각함을 연일 주요 뉴스로 다룬다.

2. 매스컴에서 '최악의 경기' 'GDP성장률 큰 폭 하락' '기업부도설 난무' '수출시장 먹구름' '소비심리 실종'과 같은 제목이 톱기사로 등장한다.

3. '주가 최대폭락' '고객예탁금 바닥' '투자자들 증시이탈 심각' '펀드 환매 사태' 등의 제목으로 주가 하락에 관한 기사가 신문의 1면 톱기사로 다루어진다.

4. 정부가 경기회복과 추락하는 증시를 안정시키기 위해 '금리인하' 등 증시부양책을 몇차례 반복해서 실시한다.

5. 국내외 증권전문가가 증시를 어둡게 전망하고 주가의 추가 하락을 예견한다. 특히 외국의 기관투자자가 한국의 주가 전망 목표치를 낮추고 한국증시에서 탈출할 것을 권유한다.
6. 대규모 펀드 환매가 일어나고 펀드매니저가 증시 전망을 어둡게 보고 주식보유 비중을 최저로 낮춘다.
7. 투자심리가 극도로 흉흉하여 일반투자자들의 투매가 일어나고 신용계좌는 담보부족으로 연일 반대매매가 일어난다.
8. 유명 투자자나 증권사가 손실을 입었다는 뉴스가 보도된다.
⇨ 이러한 뉴스나 정보들이 겹치면 주가가 대세 바닥에 있음을 감지해야 한다.

알아두세요

반대매매
증권회사에서 미수금 발생시, 부족한 돈을 충당하기 위해 보유한 주식을 임의로 처분하는 것을 말한다.

대세가 천정권일 때 나타나는 징조들

1. '경기호황세 지속' '사상 최대의 이익을 실현한 기업 속출' '수출증가율 사상 최대' 등과 같은 제목이 매스컴의 톱기사로 등장한다.
2. '주가 연일 사상 최고치 갱신' '시중 부동자금 증시로 쏠림현상' '증시 시가총액 사상 최고치 갱신' 등과 같은 증시 활황을 주제로 한 기사가 톱뉴스로 자주 등장한다.
3. 정부가 경기과열을 식히고 물가 상승을 막기 위해 금리를 수차례 인상하지만 증시에는 별다른 영향을 주지 못한다.
4. 고객예탁금이 급증하여 사상 최고치를 갱신하고 증권사로부터 돈을 빌려 주식을 사는 신용융자금액이 최고치를 갱신한다.
5. 평소 주식에 관심이 없던 사람들이 증시로 몰리고 있다는 보도가 나온다. 외국의 경우 미국은 구두닦이가 종목을 추천할 때, 중국은 스님이 객장에 나타날 때, 일본은 산지기가 객장에 나타날 때 주식이 천정권이라는 말이 있다.
⇨ 이러한 뉴스나 정보들이 여러 번 나타나면 증시가 천정권에 와

있음을 감지해야 한다.

주가의 상승·하락에 일희일비하지 마라

지금까지 증시 대세에 따라 인간의 투자심리가 어떻게 바뀌는가를 알아보았다. 투자자들에게 "군중심리와 반대로 가라" "모두가 공포에 질려 있을 때가 가장 싸게 주식을 살 수 있는 기회다" "모두가 흥분에 젖어 있을 때 시장을 빠져나와라" 등의 말을 아무리 한들 감정을 가진 인간이기 때문에 쉽게 실천에 옮기지 못한다. 감정을 이길 수 있는 유일한 방법은 이성을 가지고 냉철하게 계산해 보는 것이다.

증시 대세는 경제상황 즉 호황, 후퇴, 불황, 회복에 따라 결정된다. 또한 투자자는 아무리 경제가 좋아도 일드갭을 계산해 보고 주식투자가 유리할 때에만 시장에 진입해야 한다.

만약 당신이 이와 같이 해서 증시 대세를 판단하였다면 이제 조금만 주가가 하락해도 '주가가 떨어지면 어떻게 하나' 하는 걱정이 되지 않을 것이고, 주가가 조금 상승했을 때 '주가가 올라 살 기회를 놓치면 어떻게 하나' 하는 걱정은 하지 않게 될 것이다.

주식투자도 행복을 위해서 하는 경제행위이므로 마음 편하게 투자를 할 수 있는 것이 무엇보다 중요하다.

투자심리로 증시 대세판단하기

문제 01

다음은 시장이 바닥일 때 나타나는 현상들이다. 틀린 것을 고르시오.

ⓐ 계속된 주가 하락으로 추가 손실을 감당할 수 없어 보유주식을 매도한다.

ⓑ 신용계좌의 경우 담보부족으로 반대매매가 발생한다.

ⓒ 모든 투자자들이 공포에 질려 있는 상태에서 해외 애널리스트들이 한국 주식을 매도해야 한다는 의견을 낸다.

ⓓ 상승하던 금리가 더 이상 상승하지 않는다고 한다.

> **해설**
>
> 오르던 금리가 더 이상 상승하지 않는 경우는 호황의 말기에 나타나는 현상이다. 정답은 ⓓ

문제 02

다음은 시장이 천정권에 있을 때 나타나는 현상들이다. 틀린 것을 고르시오.

ⓐ 연예인 또는 유명인사들이 주식투자로 큰돈을 벌었다는 뉴스가 보도된다.

ⓑ 시중 부동자금이 증시로 대거 몰려 쏠림현상이 심하다는 언론의 보도가 나온다.

ⓒ 주식형펀드에서 대규모 환매 사태가 발생한다.

ⓓ 평소 주식에 관심이 없던 사람들이 주식투자를 시작한다.

> **해설**
>
> 시장이 천정권에 있을 때는 펀드투자로 돈을 벌었다는 소문을 듣고 시중자금이 펀드로 몰리는 경향이 있다. 펀드 환매는 대세가 하락으로 전환되고 주가가 폭락한 뒤에 나타나는 경향이 있다. 정답은 ⓒ

차트로 대세를
확인하라!

경제요인으로 대세를 판단하였다면 그래프로 한번 더 점검하고 대세를 확인해 보는 것이 필요하다. 이번 마당에서는 추세선, 이동평균선 그리고 엘리어트 파동이론으로 대세를 확인하는 방법에 대해서 알아보자.

**The Cakewalk Series –
Understanding stock market cycle to get high profits**

증권시장 대세,
예측할 것인가 대응할 것인가

증권시장의 대세를 보는 관점은 두 가지로 나누어진다. 하나는 주가를 예측한 후에 행동해야 한다는 예측론이고, 다른 하나는 주가는 예측 불가능하므로 차트를 보고 대응만 잘하면 된다는 대응론이다.

예측론 _ 경제적 요인을 보면 주가는 예측할 수 있다!

예측론자는 GDP성장률, 금리 등 증시에 영향을 미치는 경제적 요인들을 보고 시장이 역사적 PER에 비해 저평가되거나 버블이 있는지 판단해서 증시가 더 오를지 아니면 떨어질지를 예측한다.

예측론에 반대하는 이들은 경제요인은 모두 과거 수치보다 미래 예측치가 더 중요한데, 경제 예측도 주가 예측만큼이나 어렵다고 말한다. 또, 주가에는 경제요인 이외에 여러 여건과 사건들이 복합적으로 작용하기 때문에 애당초 예측이 불가능하다고 비판한다.

대응론 _ 그래프 분석만 하면 된다!

그에 반해 대응론자는 그래프는 경제요인, 수급 등 여러 요인들이 반영되어 나타나므로 그래프 분석만 하면 된다고 말한다. 그래프가 상승추세면 주가도 상승하고, 하락추세면 주가도 하락한다는 것이다. 그리고 상승추세가 하락으로 전환되면 그때 가서 주가가 하락한다고 보면 된다고 한다.

대응론에 대한 비판은 과거 주가 행적이 미래에도 반복된다고 하지만 실제로는 과거와 동일하게 움직이지 않는 경우가 많다는 점을 지적한다. 그리고 사전에 예측을 해두지 않으면 주가가 갑작스럽게 변동될 때 제때에 대응하기 어렵다는 비판도 있다.

70%는 예측에 의존하고, 30%는 대응을 해나가라

나는 양쪽 견해 모두가 필요하다고 생각한다. 주가는 경제의 거울이므로 경제상황으로 주가의 방향이나 수준을 어느 정도 예측해 두어야 수시로 변하는 증시에 제대로 대응할 수 있기 때문이다. 그렇다고 그래프를 무시해서도 안 된다. 주가가 경제상황을 제대로 반영하고 있는지 늘 확인해 가면서 투자판단을 해야 하기 때문이다. 만약 경제여건에 비해 주가가 저평가되어 있다고 판단되면 매수의 관점에서 그래프를 보고, 반대로 주가가 경제상황에 비해 과대평가 즉 버블이 있다고 보이면 매도의 관점에서 그래프를 보아야 한다.

대세를 보는 그래프는 월봉과 주봉인데 여기에서 변화가 나타날 때 지수는 이미 20% 이상 변한 뒤일 테고, 개별종목은 30~40% 주가가 움직인 뒤일 것이다. 즉, 월봉과 주봉 그래프가 하락으로 전환된 경우는 너무 늦어져 본의 아니게 장기투자가 되고, 상승으로 전환된 경우는 남보다 높은 가격에 주식을 사게 되는 것이다.

나의 경우 양쪽 비중을 얼마나 두느냐고 굳이 묻는다면 70%는 예측에 의존하고, 30%는 대응을 해나가는 것이 좋다고 말하겠다.

그래프로
대세 확인하는 방법

장기대세는 월봉으로, 중기대세는 주봉으로 판단하라

증시 대세를 판단하기 위해서 그래프를 이용하려면 장기 그래프를 보아야 한다. 장기대세는 월봉그래프가 기본이다. 장기대세 속에서도 주가는 직선을 그리지 않고 등락을 반복하는데 이러한 등락은 주봉으로 나타난다.

따라서 월봉으로 장기대세를 판단하고 중기대세는 주봉으로 판단한다. 그리고 월봉과 주봉으로 대세판단을 한 뒤 매매주문을 실행할 때에는 일봉과 시간봉(분봉)을 활용하면 된다.

- 대세판단 그래프 확인 순서 : 월봉 → 주봉
- 주문실행 그래프 확인 순서 : 일봉 → 시간봉(분봉)

일봉→주봉→월봉 순으로 그래프를 보면 안 되는 이유는 일봉에서 본 단기시장 흐름으로 생긴 선입견이 주봉과 월봉을 볼 때 남아 판단력을 흐리게 만들기 때문이다.

추세선과 이동평균선으로 대세 변화를 확인할 수 있다

대세를 판단하는 기술적 분석기법은 아주 다양하다. 그러나 복잡한 기법을 모두 익혀서 사용하기는 어렵고 또한 그럴 필요도 없다. 그래프 가운데 가장 기본인 추세선과 이동평균선 두 개면 족하다.

월봉과 주봉을 보고 HTS에 있는 도구를 이용해 추세선을 직접 그어보라. 월봉이나 주봉이 추세선을 이탈하면 일단은 대세가 바뀌기 시작했다고 본다.

추세선을 확인한 다음에는 이동평균선으로 확인해 보라. 봉이 5개월 선을 돌파하면 대세가 바뀜을 의심해 봐야 하고 10개월 선을 돌파하면 대세가 바뀌었다고 생각해야 한다. 그리고 20개월 선을 돌파하면 대세가 바뀌었음을 확인해 주는 것이다.

한국증시를 읽으려면 글로벌지수 참고는 필수

한국증시 대세를 판단하기 위해서는 해외증시 그래프를 참고해야 하는 것도 필수다. 오늘날 세계는 교통과 통신의 발달로 한지붕 지구촌에 살고 있다. 특히 증권시장간 자금이동은 장벽이 사라진 지 오래되어 시간과 공간을 초월하여 실시간으로 자유롭게 거래가 이루어지고 있다. 비록 비중은 적지만 글로벌 자금은 한국증시를 세계증시의 한 축으로 보고 있는 것이다.

한국증시와 세계증시의 동조화는 갈수록 커질 수밖에 없다. 따라서 한국증시를 예측하려면 세계증시 특히 미국의 다우, 나스닥, S&P 등의 지수 추이를 살펴보아야 한다.

지금은 미국과 유럽의 선진국 자금이 아시아와 남미의 이머징국가로 이동하고 있기 때문에 이머징국가 증시를 확인하는 것도 중요해졌다.

방법 1 _ 추세선으로 대세 확인하기

그래프로 대세를 확인하는 첫번째 방법은 주가의 추세를 확인해 보는 것이다. 추세에는 두 가지가 있다. 하나는 추세선이고 다른 하나는 지지선과 저항선이다.

1) 추세선

주가는 한번 방향을 잡으면 추세를 형성하고 또 추세가 전환될 때까지 같은 방향으로 지속해서 움직이려는 속성이 있다. 이 추세선을 보고 주가의 향방을 예측하는데 주가가 하락추세선을 상향 돌파하면 추세가 상승으로 전환되었다고 보고, 주가가 상승추세선을 하향 이탈하면 추세가 하락으로 전환되었다고 판단한다.

상승추세선은 주가가 상승할 때 저점과 저점을 연결하여 그리고, 하락추세선은 주가가 하락할 때 고점과 고점을 연결하여 그린다.

다음 그래프를 보면 대세가 상승할 때는 상승추세선을 하락 이탈하지 않고 추세선 위에서 상승하고, 대세가 하락할 때는 상승추세선을 돌파하지 못하고 추세선 아래에서 움직이는 것을 확인할 수가 있다.

또 45도 각도보다 가파른 상승추세선 다음에는 주가가 조정을 거치거나 하락이 있었음을 보여준다.

그리고 추세선을 일시적으로 이탈 또는 돌파하였다가 다시 본래의 추세선으로 환원되는 경우도 있다. 이럴 경우에는 경제의 펀드멘탈을 다시 한번 점검해 보고 판단하는 것이 필요하다.

주가가 하락추세선을 상향 돌파하면 추세가 상승으로 전환, 주가가 상승추세선을 하향 이탈하면 추세가 하락으로 전환되었다고 판단한다.

2) 지지선과 저항선

주가는 매수세와 매도세가 만나 가격이 결정된다. 주가가 박스권에서 움직일 때 박스권 상단에 닿으면 매도세의 강력한 저항을 받아 떨어지고, 박스권 하단에 닿으면 주가가 충분히 떨어졌다고 생각하는 매수세력에 의해 지지를 받아 다시 상승한다.

이때 박스권 상단의 선을 저항선이라 하는데 주가가 저항선을 뚫고 위로 돌파하면 새로운 상승추세가 생긴다. 반대로 박스권 하단의 선을 지지선이라 하는데 주가가 지지선을 하향 이탈하면 하락추세로 전환된다.

위 그래프에서 푸른색은 저항선, 붉은색은 지지선이다.

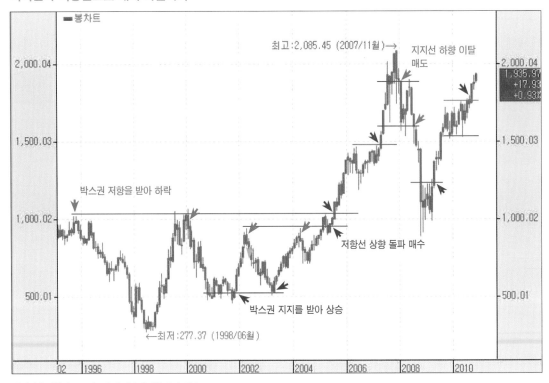

지지선과 저항선으로 새로운 추세를 확인할 수가 있다.

방법 2 _ 이동평균선으로 대세 확인하기

추세선 다음으로 확인해 볼 것은 이동평균선이다. 이동평균선은 변화무쌍한 주가의 흐름을 객관적으로 관찰할 수 있도록 평균가격을 연결한 선으로, 시장가치에 대한 투자자들의 평균적인 합의가 반영된 선이라 할 수 있다. 대세판단을 할 때는 월봉과 주봉을 보아야 하므로 월봉과 주봉 중심으로 설명하겠다.

1) 10개월 이동평균선은 대세판단의 출발선

월봉이 10개월 선을 돌파하면 대세가 바뀌고 있음을 감지해야 한다. 월봉이 10개월 선을 상향 돌파하면 대세는 상승으로 전환된다고 보고, 월봉이 10개월 선을 하향 돌파하면 대세는 하락으로 전환된다고 본다.

여기에서 주의할 점이 있다. 주가가 추세를 가지고 움직일 때 일시적으로 추세선이나 이동평균선을 이탈하였다가 다시 기존의 추세로 돌아가는 예외적인 경우가 있다. 이럴 경우에는 경제의 펀드멘탈을 다시 한번 검토해 보아야 한다. '증권시장 대세, 예측할 것인가 대응할 것인가'에서 예측을 70%, 대응을 30% 비율로 하여 대세를 판단해야 한다고 한 이유도 바로 이 때문이다.

오른쪽의 10개월 이동평균선 그래프에서 대세가 상승할 경우에는 10개월 선 위에서 움직이고, 대세가 하락할 경우에는 10개월 선 아

10개월 이동평균선으로 대세 확인하기

월봉이 10개월 선을 상향 돌파하면 대세상승으로 전환, 월봉이 10개월 선을 하향 돌파하면 대세하락으로 전환된다고 본다.

래에서 움직임을 확인할 수 있다. 그러나 봉이 일시적으로 이동평균선을 침범하는 경우도 있다. 일시적으로 10개월 선을 침범할 경우는 경제의 펀드멘탈을 검토해 보고, 10개월 선 방향이 전환되고 있는지를 확인해 보면 도움된다. 10개월 선 방향이 꺾인 후라면 대세도 방향을 전환한 경우가 많기 때문이다. 또한 월봉을 예측하려면 주봉을 참고해 보는 것도 도움이 된다.

2) 20개월 이동평균선은 대세 전환을 확인하는 선

월봉이 20개월 선을 상향 돌파하면 '대세가 상승으로 전환되었구나'라고 생각하고 조금 늦었지만 대세상승에 맞는 적극적인 투자전략을 짜야 한다. 그리고 20개월 선을 하향 이탈하면 '대세가 하락으로

20개월 이동평균선으로 대세 확인하기

월봉이 20개월 선을 상향 돌파하면 대세상승, 하향 이탈하면 대세하락으로 판단한다.

230

전환되었구나'라고 판단하고 늦었지만 대세하락에 맞는 투자전략을 실행에 옮겨야 한다. 대세가 하락으로 전환되었는데도 미련을 버리지 못하고 집착하다 보면 경제적 손실과 마음고생이 동시에 찾아올 것이다.

아래 그래프에서 보듯이 월봉이 20개월 선을 돌파할 때는 대세가 전환되었음을 확인할 수가 있다. 그러나 시기적으로는 상당히 늦었다는 것도 알 수 있다.

3) 5개월 이동평균선과 20개월 이동평균선으로 대세 확인하는 방법

단기 이동평균선인 5개월 선이 중기 이동평균선인 20개월 선을 밑에서 위로 상향 돌파하는 경우, 즉 골든크로스(Golden cross)가 나타날 때는 대세가 상승으로 전환된다. 또한 5개월 선이 위에서 아래로 하향 돌파하는 경우, 즉 데드크로스(Dead cross)가 발생하면 대세가 하락으로 전환된다.

아래 그래프를 자세히 보면 알겠지만 5개월 선이 20개월 선을 돌파하기 전 10개월 선을 먼저 돌파하는 것을 확인할 수 있다. 즉 5개월 선과 20개월 선의 골든크로스와 데드크로스(5개월×20개월 선)가 발생하기 전에 5개월 선과 10개월 선에서 골든크로스와 데드크로스(5개월×10개월 선)가 발생하는 것이다. 따라서 5개월 선이 10개월 선을 돌파하는 것을 보고 대세판단을 하는 것이 20개월 선을 보는 것보다 시기적으로 더 빨리 대세 전환을 판단할 수 있는 장점이 있다. 다만 5개월 선이 10개월 선을 일시적으로 돌파했다가 다시 정상궤도로 되돌아가는 속임수 크로스가 발생할 수 있다. 이럴 경우에는 경제 펀드멘탈을 다시 한번 점검해 보는 것이 도움이 된다.

5개월×20개월 이동평균선으로 대세 확인하기

5개월 선이 20개월 선을 상향 돌파(골든크로스)하면 대세상승, 하향 돌파(데드크로스)하면 대세하락으로 판단한다.

💲 잠깐만요 : **골든크로스와 데드크로스란 무슨 뜻인가?**

골든크로스(Golden cross)는 단기 이동평균선이 장기 이동평균선을 아래에서 위로 상향 돌파하는 경우를 말한다. 황금 십자가라는 말 그대로 가장 좋은 매수시점으로 평가된다. 특히 주가가 바닥일 때 발생하면 더욱 좋은 매수시점이 될 수 있다.

데드크로스(Dead cross)는 단기 이동평균선이 장기 이동평균선을 위에서 아래로 하향 돌파하는 경우를 말하고 이럴 때 주식을 사면 죽는다고 해서 죽음의 십자가라는 말이 붙었다. 특히 대세 천정권에서 발생할 때에는 일단 주식을 팔고 보아야 한다는 뜻이다.

골든크로스와 데드크로스는 매수, 매도 시점 파악에 흔히 사용하는 대표적인 기술적 분석방법의 하나다. 그러나 과거의 경험으로 보면 모든 골든크로스가 매수시점이 아니었고, 모든 데드크로스가 매도시점도 아니었다. 특히 일봉그래프에서 가끔 발생하는데 증시 대세가 상승추세에 있을 때 5일×10일 선 데드크로스 또는 5일×20일 선 데드크로스는 오히려 매수시점이 되는 경우가 많았다. 증시 대세가 하락할 경우에도 5일×10일 선 골든크로스 또는 5일×20일 선 골든크로스가 오히려 매도시점이 되는 경우가 더 많았다. 따라서 골든크로스와 데드크로스는 증시 대세가 상승추세냐 하락추세냐에 따라 달리 해석해야 한다.

방법 3 _ 엘리어트 파동이론으로 대세 확인하기

그래프로 대세를 파악하는 대표적인 이론 중에 엘리어트 파동이론이 있다. 엘리어트 파동이론은 주가의 장기대세를 파악하는 것이 목적이며, 피보나치 수열을 이용해 각 파동의 상승폭과 하락폭을 예측한 것이 특징이다.

엘리어트 파동이론이란 무엇인가?

엘리어트 파동이론은 주가가 그리는 파동은 일정한 패턴을 가지고 움직이며, 패턴에는 고유한 비율과 시간이 포함되어 있다는 이론에서 출발한다.

엘리어트 파동이론을 단순하게 요약하면 주가 흐름은 상승 5파와 하락 3파로 끊임없이 순환한다는 것이다.

위의 코스피 월봉그래프에서 1에서 5번까지가 상승파동이다. 상승파동은 다시 1, 3, 5번의 상승파동(또는 충격파동)과 2, 4번의 조정파동으로 구성된다. 그리고 5번 파동을 마치면 대세는 하락하는데 하

잠 깐 만 요 : 피보나치 수열이란?

12세기 이탈리아 수학자 피보나치가 이집트 피라미드를 연구하다 발견한 황금분할 비율의 계수로 1,1,2,3,5,8,13,21,34,55,89,144……로 이어지는 숫자다. 각종 예술작품과 생활용품에 응용되고 있는 이 숫자는 몇가지 특징이 있다.

첫째, 이어지는 두 숫자를 더하면 그 다음 숫자가 된다. 즉 3+5=8, 5+8=13이 된다.

둘째, 어느 숫자건 하나 건너 숫자로 나누면 그 값은 0.382에 근접한다. 즉 34÷89= 0.382, 55÷144=0.382가 된다.

셋째, 수열 34부터 앞에 있는 수의 1.618배이다. 즉 55÷34=1.618, 89÷55=1.618이 된다.

넷째, 한 숫자를 하나 건너의 숫자로 나누면 그 값은 2.618(144÷55=2.618)이 된다.

다섯째, 1.618의 역수는 0.618(1÷1.618=0.618)이 된다.

엘리어트 파동이론은 주가의 장기대세 파악이 목적이며, 피보나치 수열을 이용해 각 파동의 상승폭과 하락폭을 예측한 것이 특징이다.

락파동은 a, b, c파동으로 구성된다. 이중 a, c파동은 하락파동이
고 b파동은 조정파동이다.

엘리어트 파동의 구성
엘리어트 파동은 대파동, 소파동, 충격파동, 조정파동으로 구성되
어 있다.

1. 대파동
대파동은 하나의 큰 파동으로 하나의 상승파동과 하나의 하락파동

으로 구성되어 있다. 그리고 대파동 속에 소파동, 즉 상승 5파와 하락 3파가 나타난다.

2. 소파동
소파동 1파는 더욱 작은 상승 5파와 하락 3파로 구성되어 있다.

3. 충격파동
대세와 같은 방향으로 움직이는 파동으로 1, 3, 5번 파동이 이에 해당한다.

4. 조정파동
대세와 반대방향으로 움직이는 파동으로 2, 4번 파동, 그리고 b파동이 이에 해당한다.

엘리어트 파동이론의 법칙
엘리어트 파동이론에는 3개의 법칙이 존재한다.

제1법칙 : 상승 5파와 하락 3파의 법칙
1. 상승 1파는 대세의 시작을 알리는 파동이다.
2. 하락 2파는 1번 파동에 대한 되돌림 파동으로 통상 1번 파동 크기의 38.2% 또는 61.8% 하락한다.
3. 상승 3파는 가장 강력한 파동으로 1번 파동 크기의 1.618배 상승한다. 기술적 분석기법을 활용하는 투자자들은 3번 파동에서 수익을 가장 많이 실현할 수가 있다.
4. 하락 4파는 상승 3파에 대한 조정파동으로 통상 38.2% 하락한다.
5. 상승 5파는 상승장의 마지막 파동으로 1번 파동과 비슷한 크기

로 상승하나 3번 파동의 고점을 뚫지 못하는 경우도 많다.

6. 하락 a파는 대세하락을 알리는 파동으로 하락속도가 빠른 것이 특징이다.

7. 상승 b파는 갑작스런 하락에 대한 반발매수로 a파동 크기의 38.2% 또는 61.8% 상승하는 경우가 많다.

8. 하락 c파는 가장 큰 폭으로 하락하는 파동으로 a파동의 1.618배 로 하락하는 경우가 많다.

제2법칙 : 절대 불가침의 법칙

1. 2번 파동의 저점이 반드시 1번 파동의 저점보다 높아야 한다.

2. 3번 파동이 제일 짧은 파동이 될 수가 없다.

3. 4번 파동의 저점은 반드시 1번 파동의 고점보다 높아야 한다.

제3법칙 : 파동 변화의 법칙

1. 2번 파동과 4번 파동은 서로 다른 모양을 형성한다.

2. 1번 파동과 3번 파동이 연장되지 않으면 5번 파동이 연장될 가 능성이 높고, 1번 파동과 3번 파동 중 하나가 연장되면 5번 파동 은 연장되지 않는다.

3. 파동 균형의 법칙으로 3번 파동이 연장될 경우 5번 파동은 1번 파동과 같거나 1번 파동의 61.8% 상승한다.

엘리어트 파동이론의 한계

엘리어트 파동이론은 대세판단에 흔히 활용되고 있으나 미래 예측 에는 한계가 있다. 지나고 나서 보면 맞는 것 같은데, 미래 예측이 정확하지 않은 이유는 다음과 같은 문제에서 비롯한다.

첫째, 파동의 개념이 불확실하고 예외가 많다.

둘째, 최초의 파동이 어디에서 시작하는지가 명확하지 않다.

셋째, 시간개념이 없어 각 파동의 전환시점을 파악하기가 어렵다. 이로 인해 파동이 한참 진행되고 나서 파악되는 경우가 있다.

따라서 경제의 펀드멘탈로 대세를 파악한 후 엘리어트 파동이론으로 확인하는 것이 좋을 것으로 생각한다.

그래프로 증시 대세판단하기

문제 ———

01

아래 코스피 월봉그래프에서 빗금 친 부분이 엘리어트 파동이론 중 어느 파동에 해당하는지 맞추어보시오.

ⓐ 상승 5파 중 첫번째 파동인 1파동에 해당한다.

ⓑ 하락의 마지막 파동인 c파동에 해당한다.

ⓒ 상승 5파 중 마지막 파동인 5파에 해당한다.

ⓓ 상승 5파 중 3파에 해당한다.

해설 ◀

상승 5파 중 3파에 해당한다. 상승 3파는 상승파동 중에서 가장 상승폭이 크므로 기술적 분석으로 적극적인 대응을 하면 가장 높은 수익을 실현할 수가 있다. 정답은 ⓓ

문제

02

다음 중 틀린 것을 고르시오.

ⓐ 월봉과 주봉 그래프가 상승중이면 일봉그래프가 하락하더라도 대세는 상승이라고 본다.

ⓑ 대세는 그래프 확인만으로 충분하며 경제요인을 고려하면 문제가 더 복잡해진다.

ⓒ 엘리어트 파동이론은 대세의 시작시점과 전환시점을 파악하기가 어렵다는 지적이 있다.

ⓓ 증시 대세는 경제 펀드멘탈을 기본으로 삼고, 수급과 재료 그리고 투자심리를 참고로 한 뒤 그래프로 확인하는 것이 좋다.

해설

정답은 ⓑ. 해설은 ⓓ 참조.

여덟째
마당

대세를 읽었으면
이렇게 행동하라!

지금까지 기본적인 경제요인으로 대세를 판단하고, 일드갭으로 시장에 들어갈 시기과 빠져나와야 할 시기를 판단해 보았다. 나아가 투자심리와 그래프로 대세를 확인해 보는 방법까지 알아보았다. 마지막인 여덟째마당에서는 대세의 각 국면, 즉 상승대세일 때의 투자전략과 하락대세일 때의 투자전략에 대해서 알아보자.

The Cakewalk Series –
Understanding stock market cycle to get high profits

상승국면의 투자전략

증시 대세가 상승이라는 판단을 내렸을 때는 주식시장에 적극적으로 대응하여야 한다. 수년 만에 찾아온 절호의 기회를 막연한 회의와 불안으로 놓치게 되면 역으로 대세 상투에서 잘못된 투자를 하게 되든지 아니면 오랫동안 다음 기회를 기다려야 한다. 대세상승장에서는 적극적으로 투자를 해야 하고, 한걸음 더 나아가 레버리지를 이용해 수익을 극대화할 수 있어야 한다.

1. 주식 비중을 확대하고 주도주에 적극 편승한다

경제가 불황에서 탈피하여 회복과 호황으로 전환되면 대세히락기에 기업의 가치 이하로 떨어졌던 주가가 본래의 가치를 찾아 빠르게 상승하게 된다. 따라서 대세상승기에는 대부분의 경우 주식을 보유하기만 해도 수익이 난다. 그러나 수익률을 높이려면 시장흐름을 주도하는 주도주에 편승하는 것이 유리하다.

주도주란?

주도주란 시장을 이끄는 업종이나 종목군을 말하는데, 이들 종목이 오르면 시장이 상승하고 이들 종목이 조정을 받으면 시장도 조정에 들어가기 때문에 주도주라 부른다. 주가 조정기에는 비주도주가 상 승하는 경우가 있는데, 이러한 현상을 두고 순환매매 현상이라 부른다. 그러나 비주도주의 상승은 주도주에 비해 상승폭과 기간이 짧은 것이 특징이다.

흔히 기업의 실적이 획기적으로 호전되는 업종 또는 정부가 정책적으로 육성하고 있어 성장성이 두드러지는 업종 또는 종목군이 주도주가 된다.

한번 주도주가 되면 대세상승기 내내 주도주가 되는 경우가 있는가 하면, 대세상승 전반부와 후반부에 주도주가 바뀌는 경우도 있는데, 후자의 경우가 더 많다.

대세상승 전반기에 부상하는 주도주는?

대세상승 전반에 획기적으로 기업의 실적이 호전되는 업종은 어떤 것이 있는가?

반도체, 화학, 철강, 시멘트, 비철금속 등 소재산업이다.

이들 업종군은 경기가 침체되었을 때 가장 큰 타격을 받는 업종군이기도 하다. 그러나 경기가 회복국면으로 진입하면 전자, 자동차, 조선, 건설 등에 들어가는 소재들이 가장 먼저 호황을 맞게 된다.

대세상승 안정기에 부상하는 주도주는?

경기회복이 완연해지면 완제품주 즉 대형 IT주, 자동차주, 조선주, 기계주들이 주도주로 부상한다. 이들 업종군에 속한 기업들은 세계적인 경기회복과 더불어 수출이 급증하여 매출과 이익 등 경영실적이 급격히 호전되기 때문이다. 중국이 세계경제 성장을 주도하는 지금과 같은 상황에서는 중국 수출비중이 높은 기업이 상대적으로 더 유리하다. 이 기간은 기업의 실적에 비례해서 주가가 상승하기

알아두세요

실적장세

우라카미 구니오는 경제변화와
금리변동, 자금의 이동에 따라 주
식시장을 금융장세, 실적장세, 역
금융장세, 역실적장세로 나누고
증권시장은 이 4개 국면이 자연
의 사계절처럼 순환한다고 하였
다. 금융장세는 경기가 좋지 않은
가운데 저금리로 인해 시중자금
이 채권에서 주식으로 대거 몰려
주식시장이 활황을 보이는 경우
로 유동성 장세라고 하기도 한다.
실적장세는 경기가 호전됨에 따
라 기업의 실적이 좋아져서 주가
가 상승하는 경우이다. 역금융장
세는 금리를 올림에 따라 시중자
금이 주식에서 채권으로 이동하
여 주가가 하락하는 경우이고, 역
실적장세는 경기침체로 기업실적
이 악화되어 주가가 하락하는 국
면이다.

때문에 흔히 실적장세라고도 한다.

대세상승 후반기에 부상하는 주도주는?

상승대세 후반기에는 소비 관련주, 금융주, 건설주 등이 주도주로
부상한다. 경기가 좋아지면 고용이 증가하고, 근로자에게 지급되는
보너스도 많아져 소비여력이 늘어나기 때문이다.

또한 경제가 호황으로 갈수록 정부는 물가를 억제하기 위해 금리를
인상하게 된다. 금리를 인상하면 은행과 보험회사들의 수익성이 좋
아진다. 이들 금융기관은 투자자산 중 주식보다 채권에 투자하는
비중이 높기 때문이다.

은행의 경우 금리가 높을수록 예대마진율 폭이 커진다. 예를 들어
저금리 때 3% 예금이자를 지급하고 대출이자는 5% 받을 경우 예대
마진율은 2%에 불과하지만, 고금리가 되어 예금이자를 5% 지급하
고 대출이자는 8% 받는다면 예대마진율은 3%로 높아지는 것이다.
상승대세 말기에는 시중의 자금이 증시로 쏠리는 경향이 나타나는
데 이럴 경우 흔히 돈의 힘으로 주가가 상승하는 유동성 장세가 나
타나기도 한다.

그러나 상대적으로 채권투자 비중이 높지 않은 증권사는 은행 및
보험사와 사정이 다르다. 증권시장이 활성화될수록 증권사의 수익
은 좋아지는데, 대체로 저금리 때 증시가 활성화되는 경향이 있으
므로 상승대세 후반에 금리가 올라갈수록 증권주는 불리한 위치에
있게 된다.

- **대세상승 전반 예상 주도주**

  반도체, 화학, 철강, 비철금속 등이 주도하고 이어 완제품주 즉 IT주, 자동차주, 조선주, 기계주 등이 시장을 주도

- **대세상승 후반 예상 주도주**

  백화점, 홈쇼핑, 여행주 등 소비 관련주와 은행, 보험과 같은 금융주, 건설주 등이 시장을 주도

그렇다고 투자금액 전부를 주도주에 100% 편입해서도 안 된다. 주도주로 부상된 종목은 이미 많이 올라 있는 경우가 많기 때문이다. 그래서 주도주와 주도주가 아니라서 시장에서 소외되어 있는 우량주 그리고 내가 평소에 기업 내용을 잘 알고 있는 특별한 종목 등으로 적절히 포트폴리오를 구성하는 것이 좋다. 이는 주도주가 순환할 것에 대비해서라도 필요한 전략이다.

대세가 상승할 때 포트폴리오 구성 예		
	투자비중	비고
주도주	50~60%	현재 시장 주도주
비주도 우량주	25~40%	우량주이지만 시장에서 소외되어 기업가치 이하에 있는 종목
특별한 종목	10~15%	평소 내가 연구해 두었거나 잘 알고 있는 재료보유 종목

알아두세요

ETF에 대해 자세히 알고 싶으면 《ETF 투자 무작정 따라하기》를 참고하세요.

2. 주식형펀드에 투자한다

증시가 상승대세로 진입하고 있다고 판단되면 간접투자 방식인 주식형펀드에 가입하는 것도 하나의 방법이다.

펀드는 주식과 채권의 투자비율에 따라 주식형, 채권형, 혼합형으로 나뉘는데, 대세가 상승이라는 판단이 서면 채권형펀드 비중을

줄이고 주식형펀드 비중을 높이는 것이 좋다.

그리고 펀드매니저가 소극적으로 지수에 추종하느냐 아니면 적극적으로 운용하느냐에 따라 인덱스펀드와 액티브펀드로 나누어지는데, 대체로 단기적으로는 액티브펀드가 유리하고 장기적으로는 인덱스펀드가 유리하였다.

해외펀드에 투자할 때는 다음 두 가지를 체크해 보아야 한다.

첫째, 한국증시 대세를 판단하는 것과 동일한 방식으로 투자대상 국가의 증시 대세를 판단해 보고 투자 여부를 결정한다.

둘째, 해당 국가의 돈의 가치가 상승하는지 또는 하락하는지를 판단해 본다. 해당 국가의 주가가 10% 올랐더라도 돈의 가치가 10% 하락하였다면 결국 투자수익은 0이 되기 때문이다. 반대로 돈의 가치가 올라가는 나라는 '주가 상승+환율 수익'으로 투자수익이 확대된다는 이점이 있다.

💲 잠깐만요 : 종목 고르기가 어렵다면 ETF가 방법이다

ETF는 Exchange Traded Fund의 머릿글자로 코스피200 또는 업종지수 등 특정 주가지수와 연동하도록 설계한 인덱스펀드로 주식처럼 사고팔 수 있다.

ETF의 장점은 크게 세 가지로 요약할 수 있다.

첫째, 소액으로도 우량주 또는 특정 섹터에 분산투자하는 효과를 얻을 수 있다.

둘째, 주식저럼 HTS로 실시간 매매가 가능하다.

셋째, 운용수수료가 0.5% 수준으로 저렴하고 주식처럼 배당금도 받을 수 있다.

상품 종류도 다양해 코스피200 외에도 자동차, 반도체, 조선, 철강, 은행, 증권 등 업종별 ETF가 있고, 블루칩, 고배당, 소형주, 특정 그룹 등 재무스타일별 ETF, 그리고 일본, 홍콩, 브릭스 등의 해외 ETF 등 선택의 폭이 아주 넓다.

또한 주가 등락률보다 배율을 높인 레버리지 ETF, 주가 등락과 반대로 움직이는 인버스 ETF 등으로 다양한 투자전략을 수립할 수도 있다.

이러한 다양성과 편의성 때문에 채권, 금, 원유 등 그 대상이 날로 확대되고 있고 거래도 증가추세에 있다. 미국의 경우 펀드자금 유입금액 중 70%가 ETF로 들어온다고 한다.

1. 주식형펀드

운용자산의 60% 이상을 주식에 투자하는 펀드로 시황에 따라 90% 이상을 주식에 투자하기도 한다. 주식형펀드는 어떤 종류의 주식에 투자하느냐에 따라 가치주형, 성장주형, 배당주형, 소형주형으로 나누어지기도 한다. 주식시장이 강세장일 때는 주식형펀드가 다른 어떤 펀드보다 수익률이 높다.

2. 임의식펀드와 적립식펀드

주식형펀드는 다시 매월 일정한 금액을 불입하는 적립식펀드와 수시로 입출금이 가능한 임의식펀드로 나누어진다. 시장의 흐름을 읽을 수 있는 투자자라면 임의식이 유리하고 시장흐름을 읽을 수 없는 투자자라면 적립식이 유리하다. 가장 좋은 방법은 적립식으로 불입하다가 증시대세가 상승이라고 판단될 때 임의식으로 불입하는 것이다.

3. 채권형펀드

운용자산의 60% 이상을 국공채, 회사채 등의 채권에 투자하는 펀드이다. 위험이 적은 채권에 투자하는 것이므로 위험이 낮은 대신 기대수익률도 낮다. 따라서 예상수익이 안정적이므로 주식시장이 약세장이거나 금리가 높을 때 유리한 펀드이다.

4. 혼합형펀드

운용자산의 투자비중이 어느 한쪽으로 60% 이상 치우치지 않도록 비율을 정해 둔 펀드이다. 예를 들어 주식에 30%, 채권에 50%, 기타 유동자산에 20%를 투자하는 형태의 펀드다. 안정적인 수익과 주식투자 수익을 동시에 적절히 추구하는 투자자에게 적합한 펀드이다.

5. 인덱스펀드

인덱스(Index)란 주식, 채권 그리고 금, 원유 등의 실물자산의 가격수준을 종합적으로 표시하는 지표로서, 인덱스펀드는 이들 지표를 추종하는 펀드이다. 예를 들어 코스피200 인덱스라고 하면 코스피200 지수 등락률과 동일한 수익률을 내도록 만들어진 펀드를 말한다. IT, 조선, 철강, 자동차, 은행, 증권 등 업종별 또는 그룹별로 다양한 펀드가 있다. 연평균 수수료 부담이 1~1.5%로 낮고, 통계적으로 볼 때 5~10년 이상 장기투자를 할 경우 액티브펀드보다 유리하다.

인덱스펀드를 일반 주식처럼 자유롭게 매매할 수 있도록 만든 상품이 앞서 말한 ETF(Exchange Traded Fund)이다.

6. 액티브펀드

액티브펀드(Active fund)는 펀드매니저의 주관적 판단에 따라 시장평균 수익률을 초과하는 수익률을 목표로 적극적으로 운용하는 펀드이다. 대부분의 펀드가 액티브펀드인데, 연간 수수료 부담이 평균 2.5%로 높다는 단점이 있다. 주식시장이 강세이고 유능한 펀드매니저가 운용하는 펀드일 경우 시장평균 수익률보다 수익률이 높다. 그러나 모든 액티브펀드의 평균 수익률은 지수보다 높지 않다는 점을 참고하여야 한다.

3. 레버리지를 이용한 투자수익 극대화 전략을 구사한다

1) 신용매수

알아두세요

신용거래제도와 투자요령에 대해서 자세히 알려면 《ETF 투자 무작정 따라하기》 '레버리지를 이용한 신용매수와 대주제도'를 참고하세요.

주가가 상승할 것으로 예측되면 신용으로 주식을 추가 매수하여 수익을 극대화하는 방법도 고려해 볼 수 있다. 자금이 1,000만원밖에 없을 때 증권회사(또는 증권금융)로부터 1,000만원을 추가로 빌려 총 2,000만원으로 주식을 매입하는 방법이다. 이 경우 주가가 5%만 올라도 10%의 수익을 거두는 효과가 있지만, 반대로 매수한 주가가 10%만 하락하여도 20%의 투자손실을 입게 되므로 신중하게 결정해야 한다.

실제로 신용매수는 레버리지를 높여 수익을 극대화할 수 있는 장점이 있지만 주가가 예상과 달리 하락할 경우에는 짧은 기간(보통 3개월) 안에 융자금 상환을 해야 함은 물론이고 이자부담까지 더해져 손실이 커질 수 있으므로 전문가만이 일시적으로 이용하는 것이 바람직하다.

2) 레버리지 ETF 매수

레버리지 ETF는 ETF 가격이 추적대상인 지수와 동일한 비율로 변하지 않고 2배, 3배 비율로 움직이는 ETF를 말한다. 일례로 거래소에 상장되어 있는 KODEX 레버리지 ETF(종목코드 122630)는 코스피200 지수를 기초자산으로 하여 2배율로 움직이게 설계되어 있다. 즉 지수가 1% 등락하면 이 종목은 2% 등락하기 때문에 상승장일 때는 수익률이 배가 되는 이점이 있다. 따라서 대세상승장이라고 판단될 경우엔 굳이 기간도 짧고, 이자를 지불해야 하는 신용매수를 하기보다는 레버리지 ETF를 매수하는 것이 더 낫다. 레버리지 ETF 상품은 KODEX 레버리지 ETF 이외에도 KINDEX 레버리지(152500), TIGER 레버리지(123320) 등이 상장되어 있다.

알아두세요

선물거래와 관련해 거래종목, 거래단위, 매매주문, 결제방법, 투자기법 등 자세한 내용을 알고 싶으면 《주식투자 무작정 따라하기》(윤재수 저, 길벗출판사)를 참고하세요.

3) 선물 매수

증시 대세가 상승이라고 판단될 경우 선물을 매수하면 수익률을 더욱 극대화할 수 있다. 선물은 증거금이 15%에 불과하므로 현물을 매수하는 것에 비해 약 6.6배(100÷15=6.66)의 레버리지를 높이는 효과가 있다. 쉽게 말해서 코스피지수가 10% 상승하면 66%의 수익을 얻는 효과를 낸다. 그러나 주가가 예측과 반대로 움직이면 투자손실도 6.6배만큼 커진다.

선물에는 시장지수에 해당하는 코스피200 지수선물과 삼성전자, 포스코, 현대차, 국민은행, 현대중공업, LG화학 등 개별종목 선물이 있다.

한국의 선물시장 규모는 일평균 거래대금이 30~50조원으로 현물 주식 거래대금의 5~7배에 이를 만큼 거래가 많이 이루어진다.

4) 옵션(콜옵션 매수, 풋옵션 매도) 또는 콜ELW 매수

옵션은 코스피200 지수를 미리 정한 가격에 살 수 있는 권리(콜옵션 : 주가가 상승하면 이익이 되는 옵션) 또는 팔 수 있는 권리(풋옵션 : 주가가 하락하면 이익이 되는 옵션)를 매매하는 것이다.

따라서 대세가 상승할 경우엔 콜옵션을 매수하거나 풋옵션을 매도하여 수익을 취한다.

- **콜옵션 매수** : 콜옵션 매수는 주가가 상승할 것으로 예상될 때 이용하는 투자전략이다. 콜옵션은 주가가 상승할수록 이익이 커지는 반면 주가가 떨어지더라도 최대 손실금액은 원금으로 한정된다.
- **풋옵션 매도** : 풋옵션은 주가가 떨어질수록 이익이 생기는 종목이다. 풋옵션을 매도하면 주가가 상승할 경우 최대 매도금액만큼 수익을 챙길 수 있다. 따라서 예상과 달리 주가가 하락할 경우 투자금액의 몇배수(극단적인 경우 수백배)로 큰 손실을 볼 수도 있다.

참고로 옵션은 금융상품 중 가장 레버리지가 높아 하루 최고 33배까지 오를 수 있다. 이는 곧 옵션을 매도하여 예상과 반대로 움직일 경우 하루 만에 투자금액 이상 큰 손실을 볼 수도 있다는 뜻이기도 하다. 그야말로 고수익 고위험 상품인 것이다.

ELW(Equity Linked Warrent)란 우리말로 주식워런트증권이라고 한다. 코스피200 주가지수 또는 특정 종목(삼성전자, 포스코, 현대차, 현대중공업, LG화학, 삼성화재, 신한금융 등)을 사전에 정한 미래의 시기에 미리 정한 가격으로 사거나 팔 수 있는 권리가 주어진 증권을 말하며 일종의 옵션이라고 할 수 있다. 주가 상승이 예상되면 콜ELW를 매수한다. 살 수 있는 권리가 붙은 콜ELW의 경우 기초자산인 주가가 오르면 ELW도 상승하기 때문이다.

옵션과 마찬가지로 레버리지가 매우 높기 때문에 이를 활용하면 높은 수익을 낼 수도 있지만 예상이 빗나갈 경우 원금을 전액 손해 볼 수도 있는 위험도가 매우 높은 상품이다.

ELW 시장규모는 일평균 거래대금이 약 2조원(2014년 기준)으로 한국 거래소에서 거래되는 현물주식 거래대금의 약 20%에 이르고 있다.

하락국면의 투자전략

증시 대세가 하락이라는 판단을 내렸을 때는 주식 비중을 최대한 줄이고 은행 예금이나 증권사 CMA, MMF 또는 국공채 등의 안전 자산 비중을 높여야 한다. 그래도 주식투자를 해야 할 경우에는 우량주에 한해서 소극적인 매매에 한정한다. 그러나 하락장을 적극적으로 이용하는 투자전략을 구사하면 상승장 못지않게 투자수익을 낼 수도 있다. 주식투자 능력은 상승장에서 얼마만큼의 수익을 실현하였는가 이상으로 하락장에 대응하는 능력이 중요하다. 대세하락장에서 대응을 제대로 하지 못하면 대세상승장에서 벌어둔 수익금은 물거품처럼 사라지고 말기 때문이다.

1. 주식 비중을 최대한 줄인다

경제가 호황에서 후퇴기로 접어들면 주가는 하락하므로 주식 비중을 최대한 줄여야 한다. 특히 재무구조가 부실하거나 경영실적이 부진한 기업일수록 약세장에서는 하락폭이 크므로 우선적으로 주식을 매도하여야 한다.

또한 대세상승기에 테마 또는 재료가 있다는 이유로 급등하여 버블이 심한 종목의 경우 20~30% 하락했다고 해서 단기 반등을 노리고 주식을 매수해서는 안 된다. 20~30% 하락해도 거품이 남아 있는 경우가 많기 때문이다.

대세하락장에서는 주도주란 없다. 그 대신 테마주가 곧잘 전면에 부상해 주가가 급등하는 경우가 종종 있는데 여기에 말려들어서는 안 된다. 대세하락장에서 일반투자자들이 테마주로 돈을 벌 수 있는 확률은 1%도 안 된다. 일반인이 테마에 관한 정보를 들었을 때는 이미 주가가 2~3배 상승하여 세력들이 빠져나가려고 할 때이기 때문이다.

다만 주가 낙폭이 지나치면 저PER주, 자산주 중에서 저PBR 종목, 업종대표 우량주, 배당 우량주, 전력·통신·가스 등 기간산업 관련주에 한해서 단기 반등을 시도하는 경우가 있다. 그러나 그 폭은 결코 크지 않으므로 목표수익률을 낮게 잡아야 한다.

2. 주식형펀드 비중을 줄이고 채권형펀드 비중은 높인다

주식형펀드는 주식과 다를 것이 없으므로 대세하락장에서는 그 비중을 축소해야 한다. 그 대신 채권형펀드나 CMA 같은 안전한 금융자산 비중을 확대한다. 증시 대세가 하락으로 전환되고 있는데도 '주식형펀드는 장기투자가 정답'이라는 말에 현혹되어서는 안 된다. 그럴 경우 경제적 손실과 더불어 오랫동안 마음고생을 하게 될 것이다.

3. 헤지전략을 활용한다

대세하락이라고 판단했지만 보유주식을 팔 수 없는 상황 또는 펀드를 해약할 수 없는 상황이 있을 수도 있다. 이 경우는 주가 하락에

보험을 들어두는 전략, 즉 헤지전략을 이용하면 된다.

1) 선물 매도

선물시장에서 현물시장과는 반대의 포지션을 취함으로써 주가 하락의 위험을 피할 수 있는 헤지거래(Hedge Trading) 방법이다. 예를 들면 현물이나 주식형펀드를 보유한 투자자가 보유주식 금액에 상응하는 수량의 선물을 매도하는 것을 말한다.

헤지전략＝현물 주식(또는 주식형펀드)＋선물 매도

• 매도헤징의 사례

2억 5천만원의 주식을 보유한 투자자 A씨! 국내외 경제상황을 보아하니 아무래도 경제가 호황에서 후퇴기로 전환될 듯싶었다. 일드갭을 확인해 보아도 주식을 보유하는 것이 위험하다는 계산이 나왔다. 그러나 A씨는 주식을 팔 수 없는 개인적인 사정이 있어 선물로 헤지하기로 했다.

먼저 선물을 몇계약이나 매도해야 헤지가 되는지 계산해 보았다.

주가지수 선물의 매매단위는 '코스피200 지수선물×50만원'이므로 선물가격이 250일 때를 기준으로 주식 2억 5천만원을 헤지할 수 있는 계약수는 2계약이다.

보유주식 2억 5천만원÷(선물가격 250×50만원)＝2계약

A씨는 주식 2억 5천만원에 대한 헤징으로 지수선물 2계약을 선물가격 250에 매도하였다. 그로부터 3개월 후 예상대로 주가도 선물도 모두 10% 하락하였으나, 미리 대비를 해둔 덕분에 A씨는 주가 하락에도 투자손실을 막을 수가 있었다.

A씨의 매도헤징 결과		
일자	주식(또는 펀드)	선물
5월 1일 **평가금액(A)**	보유주식 2억 5천만원	선물가격 250에 2계약 매도 2계약×선물가격 250×50만원＝2억 5천만원
8월 1일 **평가금액(B)**	주가 10% 하락 주식시가 2억 2천5 백만원(2억 5천만원 ×0.9)	지수선물 10% 하락 선물 2계약 225에 환매수(250×0.9) 2계약×선물가격 225×50만원 ＝2억 2천5백만원
손익	−2,500만원(B-A)	＋2,500만원(A-B)

선물 1계약의 투자금액은 '선물가격×50만원'임

A씨는 주가 하락으로 2,500만원의 손실을 보았지만 비싼 값에 팔고 낮은 가격에 되사는 선물거래로 동일한 금액의 이익을 보았으므로 결과적으로 대세하락장에서도 손실을 피할 수 있었다. 물론 선물투자에 따른 금융비용이 들긴 했지만 그 비용은 주가 하락에 비하면 얼마 되지 않았다. (참고로 선물은 증거금이 15%이기 때문에 투자금액이 3,750만원 들어간다. 2억 5천만원×15%＝3,750만원)

2) 커버드콜(Covered Call) 매도

주식을 보유한 상태에서 향후 주가가 하락할 것이라는 판단이 섰을 경우 옵션으로도 헤지를 할 수가 있다.

주가가 하락할수록 수익이 발생하는 콜옵션을 매도해 두면 주가가 떨어져도 콜옵션에서 이익이 발생해 주가 하락으로 인한 손실이 커버될 수 있다. 이를 흔히 '보증된 콜매도'라고 부른다.

커버드콜 매도＝주식(또는 주식형펀드)＋콜옵션 매도

그러나 옵션은 기간이 짧고 등락폭이 크기 때문에 일반인들이 이용하기에는 적당하지 않다는 단점이 있다.

4. 인버스 ETF를 매수한다

인버스 ETF는 기초자산 주가와 반대로 움직이는 종목이다. KODEX 인버스(종목코드 114800)의 경우 코스피200 지수선물 (F-KOSPI200) 일별 수익률의 −1배로 움직이는 종목이다. 예를 들어 지수선물이 10% 하락하면 인버스 ETF는 10% 상승한다. 인버스 ETF는 주가가 하락할 경우 수익을 낼 수 있는 다른 투자방법에 비해 손실은 제한적이고, 적은 돈으로도 투자가 가능하다는 장점이 있다. 그러나 거래가 많지 않을 경우 하루하루 수익률이 정확하게 −1배로 움직이지 않을 수도 있고, 누적수익률에서 간격이 벌어지는 경우도 있다는 단점이 있다.

그밖의 상장 인버스 ETF로는 KINDEX인버스(145670), TIGER인버스(123310) 등이 있다.

5. 레버리지를 이용해 대세하락을 적극적으로 활용한다

1) 대주매도

주가가 하락할 것으로 예상되지만 보유주식이 없을 경우 주식을 빌려 매도하고 주가가 하락하면 매수하여 차익을 실현하는 방식이다. 대주매도는 일종의 신용매도인 셈이므로 거래방식은 신용거래 방식과 유사하다.

예를 들어 1,000만원에 해당하는 주식을 증권사로부터 빌려 매도한 후, 주가가 10% 하락하였을 때 매수하여 주식을 돌려주면 100만원의 수익을 거둘 수가 있다. 그러나 예상과 달리 주가가 10% 올라버리면 100만원의 손실을 보게 된다.

대주매도는 대차거래와 유사하지만 다른 면이 있다. 대차거래는 주식을 장기보유하고 있는 기관(연기금 또는 보험사와 같은 기관)으로부터 주식을 빌려 매도하는 방법으로 기관투자자들만 가능하고 개인투자자들은 이용이 불가능했다. 그러나 2010년 11월 대우증권이 업계 최초로 개인에게도 대차거래를 허용해 개인도 대차거래의 길이 열리게 되었다. 대차거래는 대세하락장에서 외국의 기관투자자들이 즐겨 활용하고 있다.

이에 반해 공매도는 주식을 보유하지도 빌리지도 않은 채 매도하는 경우로 미국, 유럽 등 일부 국가에서 가능하지만 우리나라의 경우는 원칙적으로 금지하고 있다.

2) 옵션과 ELW 매매

주가 하락에 배팅하는 옵션 투자전략은 풋옵션을 매수하거나 콜옵션을 매도하는 것이다. 콜옵션은 올라가면 수익이 나고 풋옵션은 떨어지면 수익이 나는 구조이기 때문이다. ELW의 경우엔 풋ELW를 매수한다.

하지만 옵션과 ELW는 모두가 고위험 고수익 상품이므로 일반투자자들은 활용하기가 적당하지 않다. 단 한번의 거래로도 원금 전액을 날릴 수 있기 때문이다.

증시 대세에 따른 투자전략 알아보기

문제 01

다음은 증권시장 대세가 상승이라고 판단될 때 이용할 수 있는 투자전략이다. 틀린 것을 고르시오.

ⓐ 주식 비중을 축소하고 예금이나 국공채 등 안전자산 비중을 높인다.

ⓑ 주식형펀드 비중을 높인다.

ⓒ 적극적 전략으로 코스피200 선물을 매수한다.

ⓓ 레버리지를 높이기 위해 신용으로 매수한다.

ⓔ 주가가 하락하면 매수 기회로 활용한다.

해설

대세가 상승이면 주식을 매수하거나 주식형펀드에 가입하는 것이 유리하다. 정답은 ⓐ

문제 02

다음은 증권시장 대세가 하락이라고 판단될 때 이용할 수 있는 투자전략이다. 틀린 것을 고르시오.

ⓐ 주식 또는 주식형펀드 비중을 축소하고 예금이나 국공채 등 안전자산 비중을 높인다.

ⓑ 적극적 전략으로 코스피200 선물을 매수한다.

ⓒ 주식을 매도할 수 없는 상황일 때는 선물을 매도하여 헤지한다.

ⓓ 하락장에서 레버리지를 높이려면 대주매도를 한다.

ⓔ 주식을 매도할 경우에는 버블이 심한 테마주나 부실주를 우선적으로 매도한다.

해설

KOSPI200 선물은 주가 상승이 예상될 때 매수(long position)하고, 주가 하락이 예상될 때는 매도(short position)한다. 정답은 ⓑ

밀물 때와 썰물 때를 아는 자가
마지막에 웃는다!

지금까지 독자 여러분은 필자가 제시한 '증권시장 대세판단 방법'을 다 읽어보았다.

증권시장을 분석하는 애널리스트와 같은 전문가들도 대세판단 방법에 있어서만큼은 이 책에서 제시한 방법과 크게 다르지 않으리라고 생각한다. 이제 전문가들이 여러분과 비교해서 더 유리한 점이 있다면 필요한 데이터를 손쉽게 접할 수 있다는 것과 투자경험이 많다는 것뿐이다.

'증권시장 대세를 판단하는 공식은 없다.' 만약 그런 공식이 존재한다면 연기금을 포함한 기관투자자들이 왜 대부분의 자산을 채권에 투자하겠는가?

왜 다수의 투자자는 손실을 보는가?

해마다 연말이 되면 시장전문가들이 다음 연도 증시 전망을 내놓지만 대부분의 경우 새해 시작 3개월이 지나면 수정 전망을 내놓기 일쑤다. 그만큼 주식시장은 예외와 돌발변수가 많아 예측이 힘들다. 그럼에도 불구하고 필자는 대세를 예측하는 방법을 제시하였다. 그것도 '예제'까지 풀게 하면서 말이다.

필자는 오랫동안 증권시장에 몸담아오면서 많은 투자자들을 보아왔다. 늘 안타까웠던 것은 그들 중에 주식투자로 행복해진 사람은 아주 소수고 투자손실을 본 사람은 다수라는 점이다.

왜 다수가 손해를 볼까?

하락장을 읽지 못하면 상승장의 수익을 지킬 수 없다!

증권시장이 계속해서 오르기만 한다면 투자자 다수가 이익을 볼 것이다. 그러나 시장은 한 방향으로만 움직이지 않고 1~5년 주기로 끊임없이 등락을 반복한다. 앞에서 살펴보았듯이 우리 증시의 경우 대세가 한번 상승으로 전환되면 평균 262% 올랐고, 반면에 대세가 한번 하락으로 전환되면 평균 59%나 하락하였다. 대세상승기에 애써 벌어둔 수익을 하락장에서 지키지 못하면 모두 잃게 될 수밖에 없는 구조인 것이다.

증권시장 대세 전망에 도움이 되는 경제이론들이 있다. 그러나 이론만 가지고는 부족하다. 어떤 면에서는 이론보다 오랜 경험이 더 중요하다.

이를 말해 주듯 증권가에는 '강세장은 대리 주가이고, 약세장은 부장 주가다'라는 말이 있다. 경험이 일천한 사원과 대리급은 대세상승기에는 공격적인 투자로 곧잘 수익을 내지만 시장이 약세로 돌아서면 제대로 대응하지 못한다. 그에 반해 몇차례의 상승과 하락기를 경험한 부장급은 약세장에서도 수익을 지키는 방법을 아는 경우가 많다. 이 말은 그래서 나온 말일 것이다.

누구나 평생에 몇번의 대세 상승과 하락을 맞이한다

주식투자는 단거리 경주가 아니라 마라톤과 같다. 주식에 한번 발을 들여놓은 사람은 대부분 평생 동안 투자를 지속한다.

주식투자는 일시적으로 많은 수익을 실현하는 것도 필요하지만 원금을 지키면서 최후에 수익을 실현하는 것이 더 중요하다.

누구나 평생에 수차례 대세상승기와 대세하락기를 맞이한다. 증권투자에서 마지막에 웃을 수 있는 사람은 지금의 시장이 밀물 때인지 썰물 때인지를 판단해 보는 투자자, 바꾸어 말하면 대세를 판단할 줄 아는 사람이 될 것이다.

부족함이 많은 이 책을 끝까지 읽어준 독자 여러분께 진심으로 감사드린다.

찾아보기

주식투자 고수가 되는 친절한 학습진도표

1단계
왕초보용

주식을 하나도 몰라요! 차근차근 배울래요!

100만 왕초보가 감동한 최고의 주식투자 입문서!

- 주식 계좌 개설부터 주식 사는 법, 차트 분석까지 OK!
- 가치투자 실력자로 키우는 ROE, PER, PBR, EV/EBITDA 완전정복!
- 잃지 않고 성공하는 자기만의 투자원칙 만드는 법!

주식투자 무작정 따라하기

2단계
바쁜 왕초보용

종목선정 어려워요! 편하게 투자할래요!

한 번에 잃을 걱정 없이 작은 돈으로 시작하는 주식투자!

- 다양한 주식을 하나로 묶어 펀드처럼 안전하게!
- 증권시장에서 거래되니까 주식처럼 간편하게!
- 금융기관에 지불하는 수수료·세금 걱정 ZERO!

ETF 투자 무작정 따라하기

3단계
중급자용

주식투자 고수가 되고 싶어요!

주식투자 전문가가 활용하는 8개의 차트분석 기법 대공개!

- 고수라면 차트를 보고 매매 타이밍을 잡아낼 수 있어야죠.
  바닥권에서 사고 천정권에서 팔 수 있도록 알려줍니다!

애널리스트, 펀드매니저는 감추고 싶었던 경제지표 해독법!

- 지금이 상승장인지 하락장인지 알고 싶다면 이 책을 펼치세요!
  우선순위 경제지표 6가지로 경제 흐름 읽는 법을 알려줍니다!

차트분석
무작정 따라하기

주식 대세판단
무작정 따라하기

추천

'주식'을 조금 더 재밌게
공부하고 싶은 분들에게 추천합니다!

만화로 배우는 주식투자

맨 처음 시작하는 주식투자 공부, 만화로 술술, 돌발퀴즈로 경제상식 쑥쑥!

▶ 초보자를 위해 주식의 개념과 정보를
　만화와 스토리로 풀어냈다!

▶ 100만 왕초보가 열광한 《주식투자 무작정 따라하기》
　만화판!

▶ 최신 기업데이터, 달라진 주식시장과 제도를
　완벽히 반영했다!

윤재수 원작 | 이금희 지음 | 336쪽 | 14,500원

재무제표 무작정 따라하기

기업살림 성적표 한눈에 보는 법!

▶ 외국어 같은 재무제표, 이제 왕초보도 회계사처럼
　술술 해석한다!

▶ 삼성전자, 현대자동차 재무제표로 배우는
　실무와 이론!

▶ 재미와 실력을 2배로 Up시키는
　〈토막소설〉과 〈자가진단 테스트〉

유종오 지음 | 536쪽 | 18,500원

경제 상식사전

기초 이론부터 필수 금융상식, 글로벌 최신 이슈까지
한 권으로 끝낸다!

▶ 교양, 취업, 재테크에 강해지는 살아있는 경제 키워드 174
▶ 2019 최신 경제 이슈 완벽 반영!
　 누구보다 빠르고 똑똑하게 경제를 습득하자!

김민구 지음 | 548쪽 | 16,000원

월급쟁이 재테크 상식사전

예·적금, 펀드, 주식, 부동산, P2P, 앱테크까지
꼼꼼하게 모으고 안전하게 불리는 비법 152

▶ 대한민국 월급쟁이에게 축복과도 같은 책!
　 두고두고 봐야 하는 재테크 필수 교과서
▶ 펀드, 주식, 부동산은 물론 연말정산까지 한 권으로 끝낸다!
▶ 바쁜 직장인을 위한 현실밀착형 재테크 지식 요점정리

우용표 지음 | 584쪽 | 17,500원

부동산 상식사전

전 · 월세, 내집, 상가, 토지, 경매까지
처음 만나는 부동산의 모든 것

▶ 계약 전 펼쳐보면 손해 안 보는 책, 20만 독자의 강력 추천!
　 급변하는 부동산 정책, 세법, 시장을 반영한 4차 개정판!
▶ 매매는 물론 청약, 재개발까지 아우르는 내집장만 A to Z
▶ 부동산 왕초보를 고수로 만들어주는 실전 지식 대방출!

백영록 지음 | 580쪽 | 17,500원

역사가 보여주는 반복된 패턴, 그 속에서 찾는 투자의 법칙

대한민국 주식투자 100년사

윤재수 지음 | 476쪽 | 22,000원

역사가 증명한 불변의 투자 법칙
"기회와 위기는 함께 온다"

▶ 개미들은 몰랐던 이유 없는 급등락, 97개의 사건으로 해답을 찾다!

▶ 정치 스캔들, 주가조작, 각종 비리와 탐욕…
　혼돈을 이겨낸 100년의 역사에서 찾는 현명한 투자의 길

▶ 대한민국 기업의 흥망성쇠와 근현대 한국 경제사(史)를 총망라한 경제 교양서!

투자하기 전 꼭 알아야 할

우선순위 경제지표 12

길벗

투자하기 전 꼭 알아야 할

우선순위
경제지표

12

차 례

01

GDP성장률

GDP성장률은 경제목표의 핵심이자 중추이며 증시 대세판단에 있어 가장 중요한 경제지표이다. GDP성장률은 IMF 사이트와 한국은행 경제통계시스템 사이트에서 확인 가능하다. 이중 IMF는 미래 전망치를 볼 때 편리하고, 한국은행 경제통계시스템은 지난 수치를 확인하려 할 때 편리하다.

1 | IMF 사이트(www.imf.org)

IMF 사이트(www.imf.org)에 들어가 상단 메뉴바에서 'DATA'를 클릭한다.

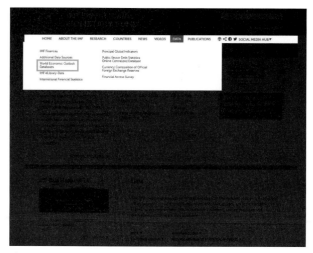

| 'World Economic Outlook Databases' 부분을 클릭한다.

| 원하는 연도를 클릭한다.

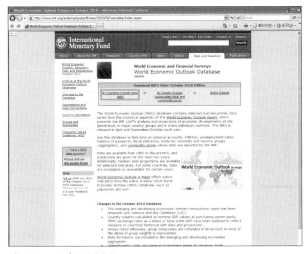

'By Countries'를 클릭한다.

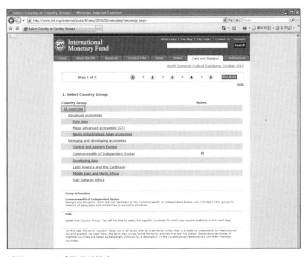

'All countries'를 클릭한다.

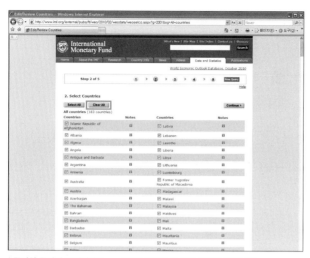

| 특정한 국가만 보려면 〈Clear All〉을 클릭한 후 해당 국가만 체크한다.

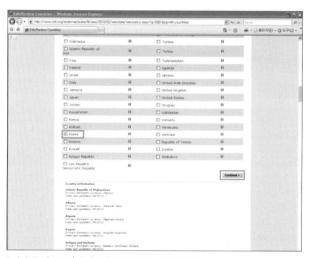

| 여기서는 'Korea'에 체크하고 〈Continue〉를 누른다.

여러 항목 중 'GDP'에 체크하고 〈Continue〉를 누른다.

기간 등을 설정하는 화면이 열리면 〈Prepare Report〉를 누른다.

한국의 GDP성장률을 향후 5년간의 전망치와 함께 보여준다.

| 한국은행 경제통계시스템 사이트(ecos.bok.or.kr)에 접속하여 100대 통계지표
를 클릭한다.

| 명칭별 지표에서 '거시경제분석 지표'를 클릭한다.

'경제성장률'에 체크하고 〈조회〉를 누른다.

연간 GDP성장률을 보여준다. 이 화면에서 '주기'나 '기간' 등을 달리하면 분기별, 월별 성장률 추이도 볼 수 있다.

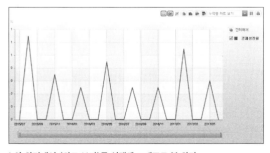

위 화면에서 〈차트 보기〉를 선택해 그래프로 본 화면.

02

금리

금리가 낮으면 시중 부동자금이 증권시장으로 몰려 기업의 가치와 상관없이 돈의 힘으로 주가가 상승하는 유동성 장세가 나타나기도 할 정도로 금리 수준은 증권시장이 강세장이냐 약세장이냐를 예측하는 데 매우 중요한 잣대가 된다. 금리 수준은 한국은행이나 통계청, 증권회사 HTS 등으로 확인할 수 있으나, 여기에서는 한국은행과 통계청 사이트에서 확인하는 방법을 소개한다. 증권회사 HTS로 확인하는 방법은 본책 06장을 참고하기 바란다.

1 | 한국은행 경제통계시스템 사이트(ecos.bok.or.kr)

| '한눈에 보는 우리나라 100대 통계지표(속보)'를 클릭한다.

| 콜금리, CD금리, 국고채, 회사채, 예금수신금리, 대출금리 등 오늘의 금리를 한눈에 확인할 수 있고, 각각의 항목을 클릭하면 아래 화면과 같이 과거 추이를 그래프로도 보여준다.

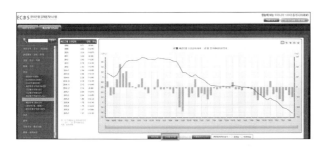

| 은행 예금금리 변동 추이와 전기 대비 증감률을 보여주는 그래프. 위 화면에서 〈상세통계연결〉을 클릭한 다음 〈복수통계검색〉을 클릭해 비교 검토할 지표를 선택하면 두 개 이상의 지표를 비교 검토할 수도 있다.

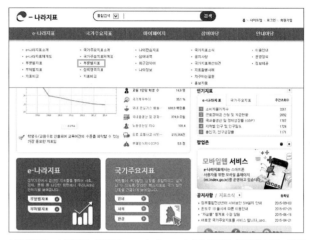

통계청의 e-나라지표 사이트(www.index.co.kr)에 들어가 '부문별 지표→경제
→산업과 금융→금융'을 클릭한다.

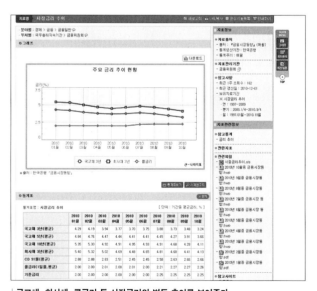

국고채, 회사채, 콜금리 등 시장금리의 변동 추이를 보여준다.

03

물가

물가는 주가와 역행하지만 적당한 물가 상승은 증시 상승에 도움이 된다. 경제가 성장을 지속하면 투자, 고용, 소비 모두 늘어나 물가도 상승하기 때문이다. 그러나 경제상황이 좋지 않은 가운데 물가가 치솟는 것은 증시에 악재로 작용한다. 물가지수, 즉 소비자물가지수, 생산자물가지수, 수출입물가지수, 생활물가지수 등은 모두 통계청 사이트에서 확인 가능하다.

1 | 통계청 국가통계포털 사이트(kosis.kr)

| 통계청의 국가통계포털 사이트(kosis.kr)에 들어가 '국내통계→주제별통계'를 클릭한다.

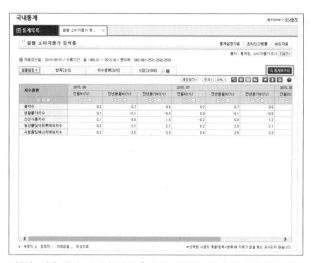

| '물가 · 가계→물가→소비자물가조사' 순으로 클릭한 다음 '월별 소비자물가 등락률'을 선택하고 〈통계표보기〉를 누른다.

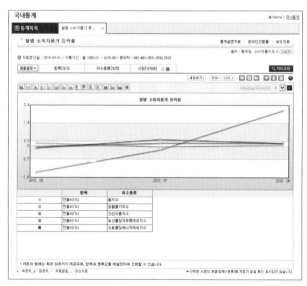

| 월별 소비자물가 등락률이 그래프와 함께 표시된다. 이 화면에서 그래프 위쪽의 '항목'과 '지수종류' 목록단추를 클릭하면 좀더 세부적인 상세설정이 가능하다. 나머지 물가지수도 동일한 방법으로 확인할 수 있다.

│ 통계청의 e-나라지표 사이트(www.index.go.kr)에서 분야별 지표 메뉴의 '지표
보기→부처별→기획재정부→소비자물가지수'를 선택해도 된다.

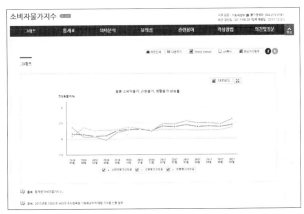

│ 서민들이 피부로 느끼는 집세, 공공요금, 개인서비스요금 등의 등락률이 그래프와
함께 표시된다.

04

환율

환율을 확인하는 가장 손쉬운 방법은 증권회사 HTS와 외환은행 사이트에서 확인해 보는 것이다. 특별히 증시 대세판단을 목적으로 환율을 볼 때는 하루하루 등락보다 추세를 보는 것이 중요하다는 것을 유념하기 바란다.

1 | 증권회사 HTS

증권회사 HTS 초기화면에는 전일 환율 등락이 있고, 당일 환율도 실시간으로 볼 수가 있다. 예를 들어, 신한금융투자 HTS에서 환율 추세를 보려면 화면 상단에 있는 '시장분석→환율시세' 메뉴를 클릭하면 된다. 그럼 환율 추이와 KOSPI지수의 비교 그래프가 나타난다.

환율 정보는 은행 사이트에서 '환율조회'를 해도 확인이 가능하다. 우리은행 홈페이지(www.wooribank.com)에서 '개인→외환/골드'를 선택한다.

환율 페이지가 열리고 환율과 관련한 다양한 메뉴가 펼쳐진다. 여기서는 '일별환율조회'를 선택하고 '조회'를 클릭한다.

'기간별평균환율조회'를 선택하면 평균환율을 확인할 수 있다.

05

국제수지

국제수지는 증시 대세를 결정하는 독립변수로 보기는 어렵지만, 국제수지 흑자 규모가 클수록 증시는 강세장이 되고 국제수지 적자 규모가 크면 약세장이 된다는 점에서 증시 대세를 판단할 때 유의해서 보아야 한다. 우리나라 국제수지 규모는 한국은행에서 IMF 표준양식에 의해 매분기 및 연간 국제수지표를 작성해 발표하고 있다.

1 | 한국은행 경제통계시스템 사이트(ecos.bok.or.kr)

│ 한국은행 경제통계시스템 사이트(ecos.bok.or.kr)에서 '국제수지/외채/환율→국제수지'를 선택한다.

계정항목코드 부분에서 '경상수지'와 '자본수지', '금융계정'을 선택해 체크하고 〈조회〉를 클릭한다.

분기별 국제수지 규모가 표로 나타난다. 이 화면에서 주기와 기간, 금액단위 등을 지정할 수 있고 차트 보기도 가능하다.

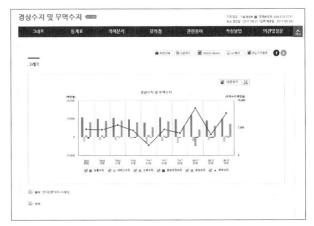

| 국제수지 중 무역수지가 궁금할 때는 통계청의 e-나라지표 사이트(www.index. go.kr)에서 부분별 지표 메뉴의 '지표보기→부처별→기획재정부→경상수지 및 무역수지'를 선택해서 확인해 볼 수 있다.

06

시장PER

시장PER는 주식시장이 저평가되어 있는지 고평가되어 있는지 알아보는 지표이다. 시장PER를 볼 때는 지난 실적에 의한 PER보다 향후 실적에 의한 예상 PER가 더 중요한데, 예상 PER는 증권회사 자료나 경제신문 등에 발표되므로 항상 관심을 갖고 지켜보아야 한다. 여기에서는 거래소 사이트에 발표되는 지난 연도를 기준으로 하는 시장PER 찾아보는 방법을 소개한다.

| 한국거래소 사이트(www.krx.co.kr)에 들어가 '시장정보→통계→지수→국내지수→주가이익비율(PER)'을 선택한다.

| 과거 수치이긴 하지만 연, 월, 일 단위로 업종별 시장PER를 확인할 수 있다.

07

경기종합지수

경기종합지수는 앞으로의 경기를 판단하게 해주는 일종의 내비게이션 역할을 하며, GDP성장률보다 경기변화를 좀더 일찍 예측할 수 있게 해준다는 특징이 있다. 경기종합지수의 전월대비 증감률이 플러스인 경우에는 경기상승을, 마이너스인 경우에는 경기하강을 나타낸다.

| 통계청의 e-나라지표 사이트(www.index.go.kr)에서 부문별 지표 메뉴의 '지표보기→부처별→기획재정부→경기종합지수'를 선택한다.

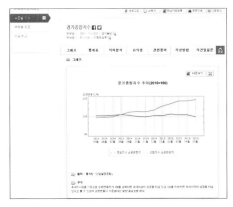

| 경기종합지수 추이가 그래프로 표시된다. 만약 경기선행지수, 경기동행지수, 경기후행지수의 추이를 좀더 세부적으로 확인하고 싶다면 국가통계포털 사이트(kosis.kr)를 이용하면 된다.

23

08 소비자동향지수

소비자동향지수는 한국은행이 생활형편, 경기상황 등 소비자의 응답결과를 집계하여 작성하고 있는 17개 개별지수 중 소비자의 심리를 종합적으로 판단하는 데 유용한 중요 지수 6개를 선택, 이를 합성하여 작성한 종합지수이다. 소비자동향지수가 100을 넘으면 앞으로 생활형편이나 경기, 수입 등이 좋아질 것으로 보는 사람이 많다는 의미이며 100 미만이면 그 반대다.

| 통계청의 e-나라지표 사이트(www.index.go.kr)에서 부문별 지표 메뉴의 '지표보기→부처별→기획재정부→소비자동향지수(CSI)'를 선택한다.

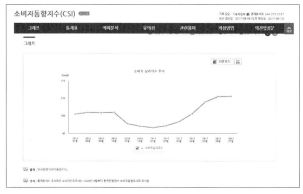

소비자심리지수 추이를 그래프로 보여준다.

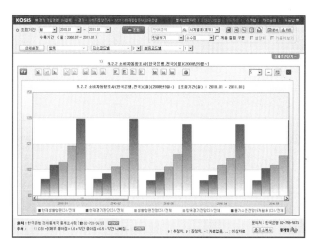

국가통계포털 사이트(kosis.kr)에서 주제별통계 목록의 '경기·기업경영(사업체)→경기' 항목 가운데 '소비자동향조사'를 선택해도 된다.

09 기업경기실사지수

경기동향에 대한 기업가들의 판단·예측·계획의 변화 추이를 관찰하여 지수화한 지표로, BSI라고 약칭한다. 다른 경기관련 자료와 달리 기업가의 주관적이고 심리적인 요소까지 조사가 가능해 경제정책을 입안하는 데도 중요한 자료로 활용된다. 일반적으로 지수가 100 이상이면 경기 호전, 100 미만이면 경기 악화로 판단한다.

1 | 통계청의 e-나라지표 사이트(www.index.go.kr)

| 통계청의 e-나라지표 사이트(www.index.go.kr)에서 분야별 지표 메뉴의 '지표보기→부처별→산업통상자원부→제조업 경기실사지수(BSI) 동향'을 선택해 확인한다.

| 전국경제인연합회 사이트(www.fki.or.kr)에서 '전경련 활동→조사연구'를 선택한다.

| '2017년 4월 기업경기전망'을 선택한다.

BSI 추이와 동향 등 기업경기 전망과 관련된 상세한 정보를 확인할 수 있다.

10

발틱운임지수

전세계 물동량과 교역량을 파악하면 세계경제의 호불황을 예측할 수 있다. 흔히 BDI지수로 불리는 발틱운임지수는 해운업계의 경기를 나타내주는 지표로 세계경기 예측은 물론 주가 예측에도 활용된다.

| 한국해양수산개발원 사이트(www.kmi.re.kr)에 들어가 '동향·통계→통계자료'
메뉴를 선택한다.

| BDI지수를 포함한 건화물선 운임의 일일통계를 확인할 수 있다.

11

시가총액

증권시장의 과열 여부와 저평가 여부를 판단하는 기준으로 GDP 규모 대비 시가총액 규모를 비교하기도 한다. 대체로 GDP 규모 대비 시가총액이 100% 이하이면 저평가, 100% 이상이면 고평가되었다고 판단한다.

| 한국거래소 사이트(www.krx.co.kr)에 들어가 '시장정보→통계→주식→시장→ 상장주식총괄'을 선택하면 상장주식의 시가총액 규모를 확인할 수 있다.

통계청의 e-나라지표 사이트(www.index.go.kr)에서 부문별 지표 메뉴의 '지표 보기→국무총리직속기관→금융위원회→제조업 경기실사지수(BSI) 동향'을 선택해도 된다.

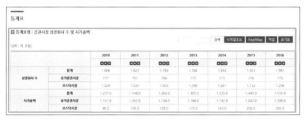

위 화면에서 스크롤바를 아래로 내리면 비록 과거 수치이긴 하지만 상장회사 수와 시가총액을 알 수 있다.

12 외국인 투자현황

외국인은 2020년 2월 기준으로 한국증시 시가총액의 약 34%를 보유하고 있을 정도로 한국증시에서 차지하는 비중이 높다. 우리 주식시장은 외국인 자금이 빠져나가면 주가가 떨어질 수밖에 없는 구조인 것이다. 따라서 외국인의 주식 보유현황을 파악해 보는 것도 증시 대세판단에 도움이 된다.

한국거래소 사이트(www.krx.co.kr)에 들어가 '시장정보→통계→주식→시장→외국인보유현황'을 선택하면 외국인의 주식보유 현황과 투자비중을 확인할 수 있다.

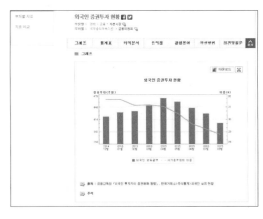

e-나라지표 사이트(www.index.go.kr)에서도 외국인의 월별, 연도별 증권투자 현황을 확인할 수 있다.

투자하기 전 꼭 알아야 할

우선순위
경제지표
/12

주식 대세판단 무작정 따라하기 별책부록(비매품)

(주)도서출판 길벗   서울시 마포구 월드컵로 10길 56   대표전화 (02)332-0931   홈페이지 www.gilbut.co.kr